데이터를 읽는 사람은 언제나 강하다

데이터를 읽는 사람은
언제나 〈〈〈〈〈〈 강하다

노무라종합연구소 데이터사이언스랩 지음   전선영 옮김

점점 더 똑똑해지는 세상으로부터
나를 지켜주는 필수 데이터 사이언스 개념

머스트
리드북

『데이터를 읽는 사람은 언제나 강하다』가 한국에서 출간되어 진심으로 기쁩니다. 언어의 벽을 뛰어넘어 데이터 사이언스(data science)의 매력이 조금이나마 전달되기를 바랍니다.

전 세계적으로 데이터 사이언티스트(data scientist)가 주목을 받고 있습니다. 데이터 사이언티스트가 인공지능(AI) 시대에 가장 매력적이고 촉망한 직업이라고들 하지만, 그들이 어떤 일을 하는지는 아직 구체적으로 알려지지 않았습니다.

이 책에서는 데이터 사이언스가 무엇이고 일상에서 어떻게 적용되는지, 데이터 사이언티스트는 무슨 일을 하고 어떤 특성이 필요한지 등을 그래프와 도표를 활용하여 시각적으로 설명합니다.

숫자(데이터)는 세계 공통의 언어입니다. 예를 들어 기업의 혁신을 추진하는 과정에서 최신 프레임워크로 구조화할 때보다 사실을 나타내는 한 가지 데이터를 제시할 때 문제를 더 쉽게 공유할 수 있습니다. 데이터가 지닌 신비한 힘은 직종 사이의 벽을 뛰어넘어 전 세계가 함께 의견을 주고받으며 같은 시선으로 문제를 해결하는 계기를 마련해 줍니다. 데이터 사이언스에는 그만한 힘이 있습니다.

최근에는 챗지피티(ChatGPT)로 대표되는 생성형 AI가 비즈니스에서 중요해지고 있습니다. 생성형 AI를 잘 다루는 것도 데이터 사이언티스트가 맡아야 할 역할입니다. 향후 데이터 사이언스가 점점 더 주목을 받게 될 것이며, 데이터 사이언티스트가 전 세계 비즈니스의 변화를 주도할 것입니다.

이 책이 한국 독자 여러분에게 데이터 사이언스에 관한 흥미를 일깨우고, 관련 지식과 기술을 익히는 데 도움이 되어 새로운 발견과 성장의 기회를 제공할 수 있기를 바랍니다. 데이터 분석과 이해를 통해 함께 배우고 성장할 수 있기를 기대합니다.

2024년 11월

노무라종합연구소 시오자키 준이치

데이터 사이언티스트는 빅데이터라고 불리는 대량의 데이터를 수집·가공·분석하여 비즈니스에 활용하는 사람을 일컫는다. 정보기술 발달로 분석할 수 있는 데이터의 양과 종류가 크게 늘어나면서 데이터 사이언티스트가 활약할 수 있는 무대도 넓어지고 있다.

우리는 2021년에 왜 지금 데이터 사이언티스트가 주목을 받는지, 이 직업에 어떤 미래의 가능성이 엿보이는지, 실무에서 겪고 있는 어려움은 무엇인지 등을 소개한 데이터 사이언티스트 가이드북을 출간했다. 그 후 그 책을 읽고 데이터 사이언티스트에 관심이 생겨 더 읽을 만한 책을 찾았지만 머신러닝(machine learning, 기계학습)이나 파이썬(Python) 같은 구체적인 데이터 분석 기법을 다룬 전문서밖에 없어 아쉬웠다는 의견을 접했다. 그들처럼 이 분야에 관심을 두고 데이터의 세계에 입문하고자 하는 일반인이나 데이터 분석 역량을 키우고자 하는 현업 담당자를 위해 새롭게 데이터 사이언스 전반을 소개하는 이 책을 집필하게 되었다.

『데이터를 읽는 사람은 언제나 강하다』는 데이터 사이언티스트를 직업으로 삼는다면 무엇을 알아야 하는지 궁금한 이들에게 데이터 사이언스의 필수 개념과 필요한 자질을 엄선해 인포그래픽을 곁들여 풀어낸 책이다. 자주 쓰이는 머신러닝 알고리즘과 통계 기본 개념부터 현실 세계의 문제를 데이터 사이언스의 틀에 짜맞추어 넣는 법, 데이터 사이언티스트가 되기 위해 갖추어야 할 자질까지 압축하여 한 권에 담았다. 취업이나 이직으로 데이터 사이언티스트가 되고 싶은 사람, 사내 인사이동이나 보직 변경으로 데이터 사이언스 업무를 맡게 된 사람, 새롭게 데이터 사이언스 조직을 세우고자 하는 사람에게 데이터 사이언스에 대한 체계적이고 포괄적인 이해를 가져다줄 것이다. 전문적인 내용은 시각적인 자료를 활용하여 설명하므로 통계학이나 데이터 분석을 다룬 전문서에 도전했다가 난해한 서술의 장벽에 부딪혀 포기한 사람도 어렵지 않게 읽을 수 있다.

1장에서는 현실 세계에서 데이터 사이언스가 어떻게 활용되고 있는지 살펴보았다. 2장에서는 AI 시대 삶의 무기가 되는 머신러닝 주요 알고리즘과 통계 기본 개념을 정리했다. 3장에서는 기업에서 실제로 데이터 사이언티스트가 어떤 일을 하는지 소개했다. 4장에서는 실무에서 부딪힌 예상 밖 낯선 상황을 정리해 데이터 사이언티스트 업무에 대한 구체적인 이해를 돕는다. 5장에서는 이 분야에 먼저 발을 들여놓은 선배들의 커리어 스토리를 담았고, 6장에서는 향후 데이터 사이언티스트로서 주목을 받기 위해 갖추어야 할 자질을 꼽아보았다.

점점 더 똑똑해지는 세상에서 모든 사람이 데이터 사이언티스트가 될 필요는 없지만 적어도 데이터를 읽고 분석하고 소통할 수 있는 능력은 갖출 필요가 있다. 약간의 수리 개념이나 프로그래밍 지식이 필요하지만 그렇다고 전문적인 수준을 요구하는 것은 아니다. 인문계열 출신도 얼마든지 데이터 사이언티스트가 될 수 있다. 이 책을 통해 기초 지식을 습득하여 데이터 사이언스에 흥미를 갖게 되기를 바란다.

1장 〉〉〉〉〉 일상생활 깊숙이 스며든 데이터 사이언스

데이터 사이언티스트란

단순히 데이터를 수집·가공·분석하는 사람이 아니라 데이터를 비즈니스에 활용할 수 있는 사람을 의미한다. 향후 기업에 꼭 필요한 직종이다.

전 세계적으로 데이터 사이언티스트(data scientist)가 주목을 받고 있다. 인터넷이 널리 보급되고 정보기술(Information Technology, IT)이 발달하면서 기업에서 다루는 데이터가 크게 늘었다. 비즈니스에서는 사람, 물자, 자본에 이어 네 번째 **경영 자원**으로 데이터를 꼽기도 한다. 이러한 데이터를 정리하고 분석해 비즈니스에 활용하는 사람이 바로 데이터 사이언티스트다.

일본 데이터사이언티스트협회에서는 데이터 사이언티스트가 갖추어야 할 역량으로 세 가지를 제시하고 있다. 데이터 사이언스 능력과 데이터 엔지니어링 능력, 그리고 비즈니스 능력이 그것이다. 데이터 사이언티스트가 단순히 데이터를 분석하는 일만 한다면 데이터 사이언스 능력만 갖추어도 된다. 하지만 실제로는 데이터를 처리하는 힘(**데이터 엔지니어링 능력**)과 분석하는 힘(**데이터 사이언스 능력**), 그리고 그 결과를 취합하여 비즈니스에 활용하는 힘(**비즈니스 능력**)을 모두 갖추어야 한다.

데이터 사이언티스트는 데이터를 바탕으로 비즈니스를 바꾸어야 한다. 데이터에서 새로운 진실을 발견하여 비즈니스에 반영해야 한다. 데이터를 확보하는 일은 어느 기업이나 할 수 있지만 이를 비즈니스에 활용하는 기업은 많지 않다. 그러한 면에서 데이터 사이언티스트는 향후 기업에 꼭 필요한 직종이다.

>> 데이터 사이언티스트가 필요한 이유 <<

✓ 기업에 존재하는 기존 데이터의 활용 부족

✓ 새로운 알고리즘 개발로 분석 정밀도 개선

✓ 컴퓨터 처리 능력 향상으로 분석 수준의 고도화

✓ 데이터 사이언스 활용 분야 및 업무 확대

✓ 센싱 기술* 발달 등으로 수집 가능한 데이터 증가

* sensing technology, 센서 등으로 다양한 정보를 계측하고 수치화하는 기술 – 옮긴이

>> 데이터 사이언티스트에게 요구되는 세 가지 역량 <<

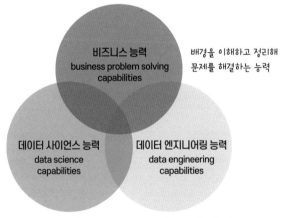

비즈니스 능력
business problem solving
capabilities

배경을 이해하고 정리해
문제를 해결하는 능력

데이터 사이언스 능력
data science
capabilities

데이터 엔지니어링 능력
data engineering
capabilities

정보 처리, 인공지능, 통계학 등
정보과학 분야 지식을 이해하고
활용하는 능력

데이터를 의미 있는 형태로
활용할 수 있도록
데이터 사이언스를 구현하는 능력

자료: 일본 데이터사이언티스트협회

첨단 정보기술 인재

데이터 수집 방법이 다양해지면서 분석할 수 있는 데이터의 양과 종류가 크게 늘었다. 데이터가 늘면서 데이터 사이언티스트 역할도 넓어지고 있다.

데이터 사이언티스트가 활약할 수 있는 무대가 넓어지고 있다. 그와 동시에 기업에서는 데이터 사이언티스트가 부족하다는 목소리도 높아지고 있다. 노무라종합연구소가 일본 기업을 대상으로 실시한 설문 조사 결과에 따르면 많은 기업에서 부족한 인재로 데이터 사이언티스트를 꼽았다.

일본 경제산업성 예측에 따르면 일본 기업에서 데이터 사이언티스트를 포함한 **첨단 정보기술 인재**는 2030년 54만 5천 명이 부족할 것으로 전망된다. 시스템 엔지니어 등 전통적인 정보기술 인재는 이미 그 수요가 한계점에 다다랐다. 향후에는 첨단 정보기술 인재가 점점 더 많이 필요하게 될 것이다. 첨단 정보기술 인재가 모두 데이터 사이언티스트는 아니지만 데이터를 활용하는 인재임은 분명하다.

과거에는 데이터 사이언티스트가 주로 정보기술업이나 통신업에서 활약했다면 최근에는 제조업이나 금융업에서도 활동한다. 데이터 사이언티스트가 다루는 데이터 종류도 인터넷 환경에서 얻을 수 있는 데이터에 그치지 않고 제조업에서는 생산이나 마케팅과 관련된 데이터, 금융업에서는 거래와 관련된 데이터 등으로 다양하다. 분석할 수 있는 데이터가 늘면서 데이터 사이언티스트 역할도 넓어지고 있다.

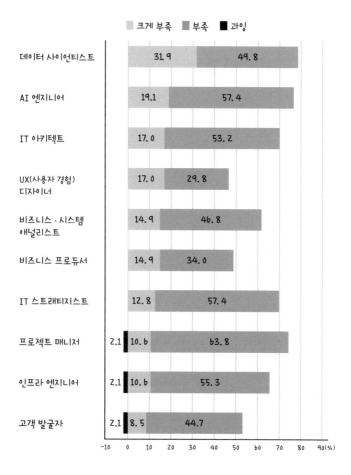

첨단 정보기술 인재 과부족 현황

범례: 크게 부족 | 부족 | 과잉

직종	크게 부족	부족	과잉
데이터 사이언티스트	31.9	49.8	
AI 엔지니어	19.1	57.4	
IT 아키텍트	17.0	53.2	
UX(사용자 경험) 디자이너	17.0	29.8	
비즈니스·시스템 애널리스트	14.9	46.8	
비즈니스 프로듀서	14.9	34.0	
IT 스트래티지스트	12.8	57.4	
프로젝트 매니저	10.6	63.8	2.1
인프라 엔지니어	10.6	55.3	2.1
고객 발굴자	8.5	44.7	2.1

자료: 노무라종합연구소, 〈정보·디지털 자회사의 향후 방향성과 과제에 관한 조사〉, 2021년 3월, N=47

디지털 마케팅

디지털 환경상의 고객 접점뿐 아니라 디지털 환경에서 얻을 수 있는
정보를 활용해 마케팅 전략을 세우고 실행하는 일을 의미한다.

정보기술 발달에 힘입어 다양한 고객 접점이 생겨났고, 그 접점에서 갖가지 고객 정보를 수집하게 되었다. **디지털 마케팅**은 스마트폰이나 소셜네트워크서비스(SNS) 등 새로운 디지털 환경상의 고객 접점뿐 아니라 디지털 환경에서 얻을 수 있는 정보를 활용하는 것이 핵심이다.

최근 기업 마케팅에서 **고객 경험**(Customer Experience, CX)이라는 개념이 주목을 받고 있다. 고객 경험은 고객이 상품과 서비스를 구매하는 과정, 사용하는 과정, 사후 관리

하는 과정 등의 경험에서 비롯되는 감정적 가치의 소구를 중시하는 개념이다.

고객 경험 이전에는 **고객관계관리(Customer Relationship Management, CRM)**라는 개념에 관심이 집중되었다. 고객 경험은 갈수록 다양해지는 고객 접점을 관리한다는 점에서 고객관계관리와 일맥상통하지만 고객의 행동뿐 아니라 감정까지 고려한다는 점에서 고객관계관리와 차이를 보인다.

고객관계관리에서 고객 경험으로 기업 마케팅 전략의 초점이 이동한 주된 이유는 '데이터' 때문이다. 정보기술 발달로 고객 행동뿐 아니라 감정까지 유추할 수 있는 데이터를 수집하게 되면서 이를 바탕으로 고객에게 상품과 서비스 정보를 제공하는 방향으로 마케팅 전략이 바뀌고 있다.

주요 디지털 마케팅 기법에는 고객의 광고 접촉 경로를 분석하는 **기여(attribution) 분석**, 웹사이트 방문 기록에 따라 고객 니즈에 맞는 광고를 내보내는 **표적형(targeting) 광고**, 동일 고객을 추적하여 정보를 제공하는 **재추적형(retargeting) 광고** 등이 있다.

≫ 고객관계관리와 고객 경험의 차이 ≪

	고객관계관리 CRM	고객 경험 CX
시대 배경	2000년~ 정보기술에 의한 고객 접점 다양화	2010년~ 모바일에 의한 고객 접점 다양화
고객 파악 방법 (KPI)	고객 '행동'을 파악해 단계적으로 접근하는 방식	고객 행동뿐 아니라 '감정'까지 고려하는 방식
마케팅 개념	기업과의 접점별 고객 행동 유발	고객 기점의 모든 접점을 고려해 감정 유발
전략 포인트	1 : 1 (확률론으로 최적화)	1 : You (프로파일링)

≫ 주요 디지털 마케팅 기법 ≪

기여 분석	재추적형 광고
광고 접촉 경로를 파악해 매체 공헌도 분석	한 번 접속한 사용자를 추적해 광고 재전송
접속 분석	**표적형 광고**
웹사이트 유입이나 재방문 등의 상황 분석	웹사이트 방문 기록에 따라 광고 전송

배송 경로 최적화

대형 트럭 같은 차량을 이용한 화물 배송을 검토할 때 비용과 시간이 가장 적게 드는 경로를 찾아내는 문제를 의미한다. 제약 조건이 많아 방대한 계산이 필요하다.

인터넷에서 물건을 사고파는 전자상거래 시장이 성장하면서 대형 트럭 같은 차량을 이용한 화물 배송 경로를 최적화하는 일이 중요한 과제로 부상했다. 이동을 위한 최단 경로를 찾는 문제는 예전부터 **순회 세일즈맨 문제** 등으로 불리며 조합 최적화를 구하는 대표적인 수학 문제 중 하나로, 제약 요인이 많아 답을 구하기가 쉽지 않다.

물류량이 늘어나고 유통 구조가 복잡해지면서 물류업자에게 최적의 배송 경로를 찾아 비용을 줄이는 일은 무엇보다 중요해졌다. 제약 요인이 많고 계산이 복잡하지만 데이터와 지도 정보가 정비되고 컴퓨터 하드웨어가 발달하면서 빠른 속도로 **배송 경로 최적화**가 이루어지고 있다. 최근에는 간단한 앱을 사용해 배송 경로를 효율적으로 관리할 수 있는 서비스도 제공된다.

배송 경로 최적화의 핵심 문제는 '복잡성'이다. 모든 조건의 조합을 빠짐없이 계산하면 최적의 답을 찾아낼 수 있다. 다만 조합의 수가 너무 많은 탓에 고사양 컴퓨터로도 현실적인 시간 안에 계산할 수 없다. 게다가 조건이 매일같이 바뀌어 계산을 더욱 어렵게 한다. 이러한 이유로 특정 조건을 고정해 문제를 단순화하거나 또는 효율적인 방식으로 근삿값을 찾는 알고리즘이 검토된다.

배송 경로 최적화는 데이터 사이언스의 힘으로 발전하고 있으며 향후에도 계속 개선될 것이다.

하나의 창고(depot)에서
N개 배송처로 M대 트럭으로 배송할 때 최단 경로는?

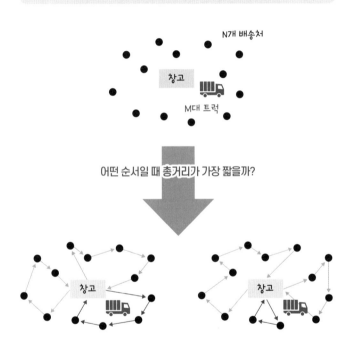

N개 배송처

창고

M대 트럭

어떤 순서일 때 총거리가 가장 짧을까?

창고

창고

[그 밖의 고려 요소]

트럭 대수 감소, 기사 근무 시간 · 휴식 시간, 업무 시간 단축과 평준화,
트럭 적재 용량 · 수취인 시간 제약, 일방통행 등 도로 교통 조건

다이내믹 프라이싱

고객에게 제시하는 가격을 하나로 고정하지 않고 유동적으로 변경해 매출을 극대화하는 전략을 의미한다. 항공사, 호텔, 스포츠 경기장, 온라인 쇼핑몰 등에서 주로 활용된다.

일본 프로축구 클럽 요코하마 F. 마리노스는 2019년 시즌부터 입장권 판매에 **다이내믹 프라이싱(dynamic pricing, 가격 최적화)** 전략을 전면적으로 적용하고 있다. 다이내믹 프라이싱은 과거 판매 실적 데이터를 이용해 판매 흐름을 예측하고 판매 상황에 따라 가장 높은 이익이 기대되는 가격을 제시하는 전략이다. 가격을 최적화해 이익을 극대화하는 것이 핵심이다.

다이내믹 프라이싱은 원래 여행사 항공권이나 호텔 숙박

권 등의 판매에 활용되었다. 지금은 스포츠 경기나 연극 공연 입장권, 인터넷 쇼핑, 우버 같은 승차 공유 서비스, 전기 자동차 요금 충전 등으로 활용 영역이 확대되었다.

다이내믹 프라이싱 전략의 핵심은 제시하는 가격이다. 가장 최근의 수요와 공급 균형을 고려해 최적의 가격을 유동적으로 변경해야 한다. 이 전략을 적용할 때는 판매 시기에 따라서도 제시하는 가격을 달리해야 한다. 데이터 사이언스를 바탕으로 무엇을, 언제, 얼마에 팔 것인지 결정하고 온라인 결제를 활용하는 등 융통성을 발휘해 판매할 수 있는 장치도 필요하다.

데이터 사이언스 관점에서는 제시하는 가격별 수요 예측이 무엇보다 중요하다. 과거 실적뿐 아니라 이벤트까지 남은 기간, 기상 조건, 예상 구매자 특성 등을 고려해 수요를 예측하고 잔여 좌석 수 같은 공급 가능 수량을 파악해 최적의 가격을 결정해야 한다.

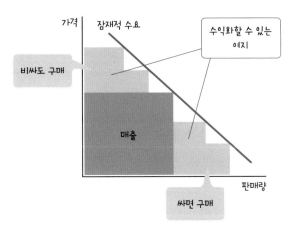

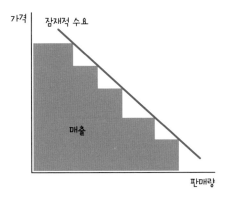

AI 발주 시스템

소매 유통업계에서 AI 기술을 활용해 상품 발주 업무를 자동화하는 시스템을 의미한다. 발주 업무 효율화, 상품 누락 감소 등의 효과가 있다.

발주 업무 자동화는 POS(Point Of Sales, 판매 시점 정보 관리) 시스템이 보급된 2000년 무렵 시작되었다. 이 기술은 판매량이 안정적인 추이를 보이는 업태에서는 효과적일 수 있지만 날씨나 기온, 판촉 행사 등에 따라 수요가 크게 변하는 업태에서는 적용하기 어렵다는 한계가 있었다. 그러나 최근 데이터 사이언스와 함께 수요 변화를 정확하게 예측하는 기술이 발달하면서 빠르게 실용화가 이루어지고 있다.

일본 슈퍼마켓 체인 이토요카도는 2020년 9월부터 식품을 취급하는 전 매장에 **인공지능(AI) 발주 시스템**을 도입하고 있다. 상품 판매 실적과 재고량, 날씨 등을 고려해 최적의 발주량을 예측하여 적용한 결과 **발주 시간**을 약 30%, **결품률**을 약 20% 절감하는 효과를 얻었다.

수요 예측에는 과거 판매 실적 같은 내부 데이터와 기상 예보 같은 외부 데이터가 활용된다. 최근에는 이러한 데이터를 바탕으로 수요 예측 모형을 구축하는 방법으로서 통계적 기법뿐 아니라 **머신러닝**(machine learning, 기계학습) 기술을 응용하는 기법도 활용되고 있다. 머신러닝 알고리즘을 적용해 수요 예측의 정밀도가 높아지면서 비즈니스 세계에서 AI 발주 시스템에 대한 관심이 높아지고 있다. 실무에서는 어떤 방법이 가장 정밀도가 높은지 시행착오를 반복하며 검증해야 한다.

상품을 발주할 때는 수요 예측 결과뿐 아니라 재고 공간과 비용을 최소화하는 경제적 로트 크기(lot size, 생산이 이루어지는 단위의 크기 - 옮긴이), 매출 목표 등 다양한 제약 요소를 고려해 최적의 발주량을 결정해야 한다.

≫ 수요 예측에 사용되는 변수 ≪

종류	데이터
내부 데이터	판매 실적 정보
	상품 특성 정보
	구매 정보
	판촉 정보
외부 데이터	절기와 기념일 정보
	기상 관측 정보
	기상 예보 정보
	지역 이벤트 정보

≫ 수요 예측에 사용되는 모형 작성 기법 ≪

종류	데이터
통계적 기법	이동평균법
	지수평활법
	자기회귀(AR) 모형
	자기회귀이동평균(ARMA) 모형
	자기회귀누적이동평균(ARIMA) 모형
	상태 공간 모형
머신러닝 기법	프로펫(Prophet)
	뉴럴 프로펫(Neural Prophet)
	DeepAR
	트랜스포머(Transformer)
	XG부스트(XGBoost)/라이트GBM(LightGBM)

스포츠 데이터 사이언스

스포츠에 관한 데이터를 수집·가공·분석해 선수 개인이나 팀의 기량을 향상하는 데 활용하는 분석 기법을 의미한다.

스포츠에서도 데이터 활용이 주목을 받고 있다. 스포츠 팀들은 선수 개개인의 역량을 향상하기 위해, 또는 팀에 필요한 최적의 전술을 마련하기 위해 데이터를 활용하고 있다. 아일랜드 스포츠 데이터 분석 전문 기업 키트맨랩(Kitman Labs)은 전 세계 700개 이상 스포츠 팀의 파트너로 활동하고 있다.

스포츠 데이터 사이언스는 선수 개개인의 역량을 극대화할 뿐 아니라 코칭과 육성, 부상 방지와 치료 등에도 유용하다.

그 배경에는 수집할 수 있는 데이터의 종류와 양이 기하급수적으로 늘어나고 있다는 사실이 존재한다. 이를테면 야구에서 투수의 투구 관련 데이터를 보면 예전에는 구속과 구종, 스트라이크존 정도가 데이터로 축적되었다면 지금은 공의 회전수와 회전축, 변화량, 3D로 재현하는 투구 궤도 등에 관한 정보도 얻을 수 있다.

이러한 데이터 수집에는 군사 기술을 응용한 트래킹 시스템이 활용된다. 인간의 감각에 가까운 부분이 데이터로 축적되어 선수 개개인의 연습이나 지도에 사용된다. 최근에는 신체에 센서를 부착해 특정 부위의 운동 속도와 부하, 가동 영역 등에 관한 수치도 데이터로 수집된다.

스포츠와 관련해 수집할 수 있는 데이터는 향후에도 계속 늘어날 것으로 보인다. 그와 함께 스포츠 데이터 사이언스 수요도 확대될 것이다.

>> 야구 분석기(Baseball Analyzer) 투구 분석 화면 <<

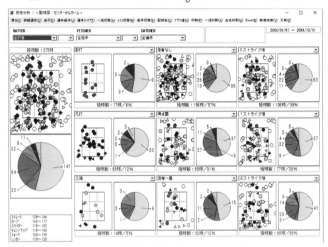

자료: http://www.datastadium.co.jp/service/score.html

>> 야구장 트래킹 시스템 <<

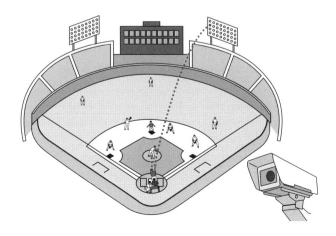

피플 애널리틱스

기업에서 직원에 관한 데이터를 수집·가공·분석해 인사나 조직 전략에 활용하는 기법을 의미한다.

기업의 인사 문제를 해결하는 데도 데이터 사이언스가 활용되고 있다. 성별·연령·결혼 여부 같은 직원의 신상 정보, 행동·업무 성과·직무 평가 같은 근무 정보를 데이터로 만들어 **인재 관리**에 활용하는 것이다.

기존의 인재 관리에서는 어느 부서에 배치되느냐에 따라 직원의 역량과 성과가 달라졌다면 데이터 사이언스를 도입한 후에는 인사부서에서 데이터를 분석해 적재적소에 인재를 배치하고 관리함으로써 문제 발생 여지를 최소화할 수 있다. 여기에 활용할 수 있는 데이터에는 개인의 특성, 성격 및 지향, 근무 및 행동 등의 데이터가 있다. 특히 메일과 전사적자원관리(ERP) 시스템 이용 이력 같은 디지털 데이터를 수집할 수 있게 되면서 인재 관리에 활용 가능한 데이터의 범위가 넓어졌다. 이러한 데이터는 여러 부서에서 개별적으로 관리하는 경우가 많아 무엇보다 정보의 일원화가 필요하다.

직원과의 직접적인 의사소통에 더해 객관적인 데이터를 활용하면 더욱 체계적인 인재 관리가 가능하다. 이를 위해서는 무엇보다도 성과를 극대화하는 인력 배치, 직원 만족도 향상, '잘못된 만남'을 피할 수 있는 채용 기준 설정 등 **피플 애널리틱스(people analytics)** 목적을 명확히 규정하는 것이 중요하다. 그런 다음 목적에 부합하는 데이터를 수집하고 분석해 구체적인 개선책을 제시해야 한다.

≫ 피플 애널리틱스에 활용되는 데이터 ≪

종류	데이터
신상 데이터	• 성별, 연령, 생년월일
	• 가족 구성, 주거 지역
	• 근속 연수, 입사 연도
	• 최종 학력, 유학 경험
	• 보유 자격
성격 및 지향 데이터	• 업무 태도, 역할 이해
	• 실행력, 분석력, 팀워크
	• 리더십, 스트레스에 대한 내성
	• 인간관계
근무 데이터	• 직책, 급여, 소속, 기술
	• 이동 이력, 해외 경험
	• 근무 시간, 유급 휴가 취득률, 휴직률
	• PC 로그에 따른 근태
	• 능력, 성과 평가
행동 데이터	• 메일 송부처 · 송부 횟수 · 내용
	• 대화 상대 · 빈도 · 시간
	• 사내외 네트워크
	• 외부 이동 시간
	• 원격 화상 회의 등의 이용 현황

Column 진화하는 데이터 활용

갈수록 데이터를 자체적으로 분석하고 활용하는 기업이 늘고 있다. 여기에는 두 가지 요인이 작용한다.

하나는 누구나 손쉽게 데이터 분석(모방을 포함해)을 할 수 있는 환경이 조성되었다는 점이다. 엑셀 같은 스프레드시트 프로그램에도 데이터 분석 기능이 탑재되어 있고, 클라우드상에서 무료로 이용할 수 있는 도구도 있다. 일부러 데이터 사이언티스트에게 부탁하지 않아도 기본적인 분석 정도는 혼자서 손쉽게 수행할 수 있는 여건이 조성되었다.

다른 하나는 데이터 사이언티스트에게 작업을 의뢰하거나 이들을 채용하는 기업이 늘었다는 점이다. 이는 데이터로 정확히 검증한 후 경영상의 의사 결정을 하는 기업이 증가했다는 증거다. 향후에는 경영상의 의사 결정뿐 아니라 이를테면 부서 단위 보고에서도 데이터 사이언스를 활용한 분석 자료를 사용하는 것이 당연시될지도 모른다.

2장 〉〉〉〉〉 자주 쓰이는 머신러닝 알고리즘과 통계 개념들

데이터 사이언스 핵심 개념 지도

데이터 사이언티스트에게 필요한 배경지식으로 통계학 기본 개념과 머신러닝의 주요 알고리즘을 꼽을 수 있다. 각 항목을 좌표 평면에 표시하면 다음 그림과 같다.

가로축은 기초 지식으로서 '새로움'의 정도를 나타내며 오른쪽으로 갈수록 최근 업계에서 화제가 되는 지식이다. 세로축은 '실천성'의 정도를 나타내며 아래로 내려갈수록 기초적인 항목이고 위로 올라갈수록 실천적인 항목이다. 특정 항목을 바탕으로 발전한 항목과 같이 서로 연관된 항목은 화살표로 연결했다.

통계학 교과서에 나올 법한 고전적이고 기초적인 개념부터 경제면을 장식할 새롭고 실천적인 머신러닝 알고리즘 정보까지 데이터 사이언티스트가 알아두면 좋은 기초 지식이 담겨 있다. 각 항목은 간단한 개념 설명에 그치므로 더 깊이 알고 싶다면 좌표에 표시된 항목 사이 관계를 참고해 전문서를 찾아보기를 바란다.

실제로 데이터 분석 업무를 진행할 때 자신이 어떤 위치의 분석을 하고 있는지, 이를 위해 알아야 할 배경지식은 무엇인지 궁금할 때 사전처럼 활용할 수 있을 것이다.

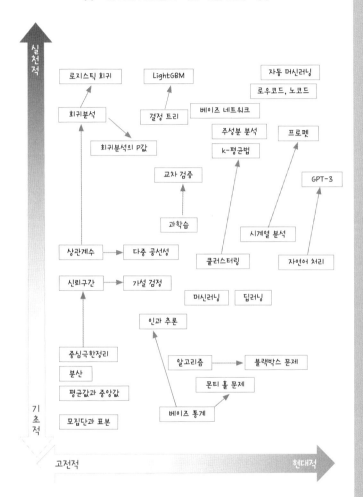

>> 데이터 사이언스 핵심 개념 지도 **<<**

실천적

기초적

고전적 · 현대적

로지스틱 회귀   LightGBM   자동 머신러닝
로우코드, 노코드

회귀분석   결정 트리   베이즈 네트워크

회귀분석의 P값   주성분 분석   프로펫

k-평균법

교차 검증   GPT-3

과학습

상관계수 → 다중 공선성   시계열 분석

클러스터링   자연어 처리

신뢰구간 → 가설 검정

머신러닝   딥러닝

인과 추론

중심극한정리   알고리즘 → 블랙박스 문제

분산   몬티 홀 문제

평균값과 중앙값

모집단과 표본   베이즈 통계

모집단과 표본

통계학에서 가장 기초가 되는 개념으로 원본이 되는 모든 데이터가 모집단이고, 거기에서 추출된 특정 데이터가 표본이다.

데이터 사이언티스트에게 필요한 최소한의 지식 중 하나가 **통계학**에 관한 기본 개념이다. 통계학은 데이터를 올바르게 분석하고 해석하는 데 필요한 학문이다. **평균**이나 **분산** 등 데이터를 집약하기 위한 지표와 데이터에서 얻을 수 있는 규칙성 등을 찾아내는 방법을 알려준다.

개인용 컴퓨터가 보급되면서 데이터 분석이 일정 부분 자동화가 되었지만 그 배경에 있는 개념을 이해하기 위해서는 여전히 통계학 기본 개념이 필요하다. 최근에는 대학이나 고등교육기관의 교과 과정이 개편되면서 통계학이 '읽기, 쓰기, 셈하기'와 같은 수준의 기초 지식으로 교육되고 있다.

통계학에서 가장 기초가 되는 개념은 **모집단**과 **표본**이다. 원본이 되는 모든 데이터가 '모집단'이고, 거기에서 추출된 특정 데이터가 '표본'이다. 예를 들어 정부 지지율이라는 데이터가 있을 때 유권자 전체가 모집단이고, 정부 지지율을 조사하기 위해 실시한 설문 조사 대상에 포함된 사람들이 표본이다.

모집단 전체를 조사하는 것은 현실적으로 불가능하므로 그중 일부를 추출한 표본을 바탕으로 모집단 값을 분석한다. 추출된 표본 수, 표본에서 얻은 비율과 평균값 등의 데이터로 모집단 값을 추정하기 위한 이론적 체계가 바로 통계학이다.

≫ 모집단과 표본 ≪

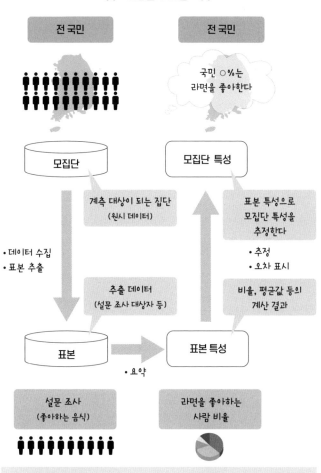

전국민

국민 ○%는
라면을 좋아한다

모집단

모집단 특성

계측 대상이 되는 집단
(원시 데이터)

표본 특성으로
모집단 특성을
추정한다

• 데이터 수집
• 표본 추출

• 추정
• 오차 표시

추출 데이터
(설문 조사 대상자 등)

비율, 평균값 등의
계산 결과

표본

표본 특성

• 요약

설문 조사
(좋아하는 음식)

라면을 좋아하는
사람 비율

표본 조사는 모집단 일부를 무작위로 추출하여 조사하는 기법을 의미한다

평균값과 중앙값

전체 데이터를 평균한 값인 '평균값'과 크기순으로 나열했을 때 중앙에 오는 값인 '중앙값'은 서로 다른 움직임을 보일 수 있으므로 목적에 따라 구분하여 사용해야 한다.

전체 국민의 소득이 늘어나고 있는지 논의할 때 자주 거론되는 개념이 소득의 **평균값**과 **중앙값**이다. 후생노동성의 국민생활기초조사에 따르면 최근 10년간 일본 가구당 평균 소득은 거의 변화가 없으며 제자리걸음을 계속하고 있다. 주요국과 비교해 일본의 가구당 평균 소득은 성장이 정체되어 큰 문제가 되고 있다.

이 데이터는 어디까지나 '평균값'의 추이를 살펴본 것이다. 소득 구간별 분포를 살펴보면 평균값은 약 552만 엔인

데 비해 중앙값은 437만 엔이다. 중앙값은 데이터를 크기순으로 나열했을 때 중앙에 오는 값을 의미하는데, 소득의 경우 평균값과 큰 차이가 난다는 사실을 알 수 있다.

일본인의 평균적인 생활상을 알려면 평균값과 중앙값 중 어느 것을 살펴봐야 할까? 소득 사례에서는 예를 들어 소득이 1000만 엔에서 1500만 엔 사이인 사람이 줄어들고 2000만 엔 이상인 사람이 늘어나 평균값이 올라가더라도 중앙값은 변화가 없을 수 있다. 극히 일부 고소득자가 늘었을 뿐, 전체 국민의 평균 소득이 늘었다고 보기 어렵기 때문이다. 이럴 때는 중앙값을 살펴보는 것이 좋다.

평균 소득이 늘었다고 해서 국민의 소득이 증가했다고 생각하는 것은 잘못된 판단이다. 다만 중앙값이 언제나 옳다고 할 수는 없다. 데이터 특성이나 계측 항목에 따라 평균값과 중앙값을 구분하여 사용해야 한다.

데이터를 읽는 사람은 언제나 강하다

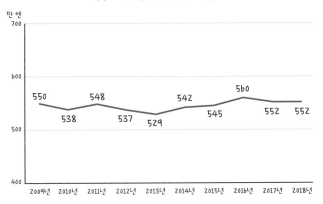

≫ 가구당 평균 소득 ≪

만 엔

700

550 548 542 560
538 537 529 545 552 552

600

500

400

2009년 2010년 2011년 2012년 2013년 2014년 2015년 2016년 2017년 2018년

자료: 후생노동성, 〈2019년 국민생활기초조사 개요〉; 노무라종합연구소 재구성

≫ 소득 구간별 세대 수의 상대도수분포 ≪

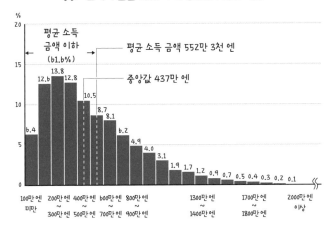

%

20

15

평균 소득
금액 이하
(61.6%)

평균 소득 금액 552만 3천 엔

중앙값 437만 엔

12.6 13.8 12.8 10.5 8.7 8.1 6.2 4.9 4.0 3.1 1.9 1.7 1.2 0.9 0.7 0.5 0.4 0.3 0.2 0.1

6.4

10

5

0

100만 엔
미만

200만 엔
~
300만 엔

400만 엔
~
500만 엔

600만 엔
~
700만 엔

800만 엔
~
900만 엔

1300만 엔
~
1400만 엔

1700만 엔
~
1800만 엔

2000만 엔
이상

자료: 후생노동성, 〈2019년 국민생활기초조사 개요〉

분산

데이터 무리가 흩어져 있는 정도를 나타내는 지표로 각 데이터와 평균값의 차이를 바탕으로 계산한다. 일본 입시제도에서 상대평가 지표로 활용되는 편차값을 계산할 때도 분산을 사용한다.

데이터 무리가 흩어져 있는 정도를 수치로 나타낸 값이 **분산**이다. 분산은 각 데이터가 평균값에서 얼마나 떨어져 있는지를 계산하여 구한다. 먼저 각 데이터와 평균값의 차이를 구하는데, 이를 **편차**라 한다. 편차는 양수인 경우와 음수인 경우가 있으므로 제곱하여 모두 양수로 나타낸다. 이를 데이터 개수만큼 계산하여 그 값들의 평균을 내면 분산이 나온다.

쉽게 말하면 분산은 '각 데이터와 평균값의 차이인 편차를 제곱하여 얻은 값들의 평균'이다. 각 데이터가 평균값에서 평균적으로 얼마나 떨어져 있는지를 나타낸다. 평균값에서 크게 벗어난 데이터의 경우 데이터와 평균값의 차이인 편차가 크다. 이러한 데이터가 많으면 분산이 커져 데이터의 흩어진 정도가 크다고 할 수 있다. 분산을 활용하면 데이터의 흩어진 정도를 수치로 알기 쉽게 나타낼 수 있다.

분산은 계산 과정에서 데이터를 제곱하기 때문에 단위의 의미를 알 수 없다는 단점이 있다. 제곱한 데이터의 단위를 원래대로 되돌리기 위해서는 제곱근을 적용해야 하는데, 이를 **표준편차**라 한다. 표준편차를 나타내는 기호로는 σ(시그마), 분산을 나타내는 기호로는 σ^2이 사용된다. 일본 입시제도에서 상대평가 지표로 사용되는 **편차값**은 '$10 \times$(자신의 점수－평균점)÷표준편차＋50'으로 계산된다.

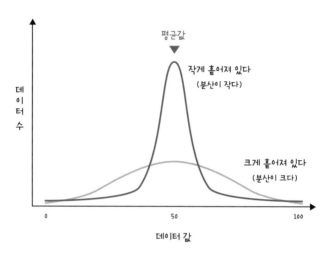

데이터 무리의 흩어진 정도

평균값

작게 흩어져 있다
(분산이 작다)

크게 흩어져 있다
(분산이 크다)

데이터 수

데이터 값

0   50   100

분산 계산

데이터 n개를 $x_1, x_2, x_3 \cdots x_n$이라 할 때

평균 $\bar{x} = \dfrac{1}{n}(x_1 + x_2 + \cdots + x_n)$

분산 $\sigma^2 = \dfrac{1}{n}\{(x_1 - \bar{x})^2 + (x_2 - \bar{x})^2 + \cdots + (x_n - \bar{x})^2\}$

표준편차 $\sigma = \sqrt{\sigma^2}$

중심극한정리

모집단에서 추출한 표본으로 계산한 평균값(표본평균)은 표본 수
가 충분히 클 때 정규분포 형태를 따른다. 이는 추정이나 검정 등
을 할 때 기초가 되는 개념이다.

모집단의 특징을 파악하기 위해 표본을 추출해 평균과 분
산을 계산할 때 표본 수가 적으면 정확한 추정이 어렵다. 예
를 들어 일본인 전체의 평균 신장을 구할 때 표본 100명으
로 계산한 결과는 오차가 크리라는 사실을 쉽게 예상할 수
있다. 그럼 표본 1만 명으로 계산하면 어떨까? 표본 100명
일 때와 비교해 1만 명일 때 계산 결과가 더 정확할 것이다.

모집단에서 추출하는 표본 수가 많을수록 모집단 특징을
더 정확하게 추정할 수 있다. 특정 모집단에서 무작위로 추

출한 표본의 평균은 표본 수가 많을수록 모집단의 평균(모평균)에 가까워진다. 이를 **큰 수의 법칙**(정확히 말하면 '큰 수의 강법칙')이라 한다.

중심극한정리는 표본 수가 충분히 많을 때 표본평균은 정규분포를 따른다는 개념이다. 특정 집단에서 무작위로 1만 명을 추출해 평균 신장을 계산하고, 또 다른 1만 명을 추출해 평균 신장을 계산하는 행위를 반복하면 그 결과는 정규분포를 따르고 정규분포의 평균값은 모평균과 같게 된다. 중심극한정리는 모집단이 어떤 분포를 보이더라도 성립하기 때문에 검정 등의 기초가 된다.

정규분포는 다음 그래프와 같이 도수분포곡선이 평균값을 중심으로 좌우 대칭인 종 모양을 이룬다. 정규분포 중에서도 평균이 0, 분산이 1인 것을 **표준 정규분포**라고 한다. 도수분포는 측정값을 몇 개의 계급으로 나누고 각 계급의 도수를 조사하여 나타낸 통계 자료의 상태를 의미한다.

데이터를 읽는 사람은 언제나 강하다

≫ 큰 수의 (강)법칙과 중심극한정리 ≪

[큰 수의 (강)법칙]
표본 수가 많을수록 표본평균은 모평균에 가까워진다

[중심극한정리]
표본 수가 충분히 많을 때 표본평균의 분포는 정규분포를 따른다
(모집단 분포와는 관계없다)

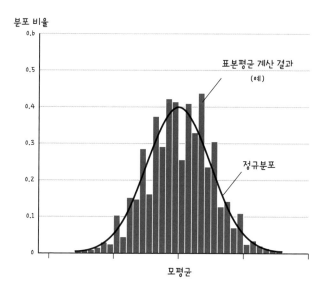

신뢰구간

모집단의 참값(모평균 등)이 표본 데이터로 계산한 결과에서 어느 구간에 속하는지 추정한 범위를 의미한다. 그 범위에 들어가는 비율(가능성)을 신뢰계수라고 한다.

데이터가 정규분포를 따를 때 그것이 어느 정도 비율로 흩어져 있는지 계산할 수 있다. 원시 데이터가 평균 μ(뮤), 분산 σ^2(시그마제곱)의 정규분포를 따를 때 정규분포 특성상 개별 값은 95% 비율로 '$\mu - 1.96 \times \sigma$' ~ '$\mu + 1.96 \times \sigma$'의 범위에 포함된다.

표본 데이터로 계산한 평균값(표본평균)으로 모집단의 평균값(모평균)을 추정할 수 있다. 이때 '○%'로 추정하는 것이 아니라 '◇% ~ ◆%의 범위에 들어간다'라고 추정하는데,

이 범위를 **신뢰구간**이라 한다. 중심극한정리를 사용하면 표본평균에서 모평균을 추정할 수 있다. 모집단이 평균 μ, 분산 σ^2의 정규분포를 따를 때 표본평균 M은 평균 μ, 분산 σ^2/n을 따른다. 여기서 n은 표본 수다.

표본평균 M을 사용하여 이 부등식을 변형하면 모평균 μ는 95% 비율로 'M$-1.96 \times \sigma/\sqrt{n}$' ~ 'M$+1.96 \times \sigma/\sqrt{n}$'의 범위에 포함된다고 할 수 있다. 이때 95%를 **신뢰계수**라고 하고, 부등식으로 나타낸 구간을 신뢰구간이라 한다. 1.96이라는 값은 신뢰계수에 따라 달라지는데, 예를 들어 신뢰계수가 90%일 때는 1.64가 되어 신뢰구간이 좁아진다.

위의 사례는 모분산을 알고 있을 때 모평균의 신뢰구간을 구하는 방법이다. 모분산을 모를 때 표본평균의 분포는 정규분포가 아니라 t분포를 따르므로 1.96과 같은 값이 달라지지만 동일한 방식으로 계산할 수 있다. t분포는 정규분포의 평균을 측정할 때 주로 사용되는 확률 변수의 분포다.

신뢰구간 계산

정규분포

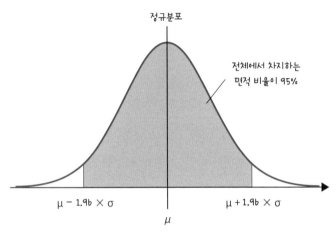

전체에서 차지하는
면적 비율이 95%

$\mu - 1.96 \times \sigma$ $\mu + 1.96 \times \sigma$

μ

$$\mu - 1.96 \times \sigma \; \leqq \; \text{모집단 데이터} \; \leqq \; \mu + 1.96 \times \sigma$$

모집단이 평균 μ, 분산 σ^2의 정규분포를 따를 때
표본평균 M은 평균 μ, 분산 σ^2/n의 정규분포를 따른다.
데이터는 95%의 비율로 다음 범위에 포함된다

$$\mu - 1.96 \times \sigma / \sqrt{n} \; \leqq \; \text{표본평균 M} \; \leqq \; \mu + 1.96 \times \sigma / \sqrt{n}$$

이 부등식을 변형하면

$$M - 1.96 \times \sigma / \sqrt{n} \; \leqq \; \text{모평균}\,\mu \; \leqq \; M + 1.96 \times \sigma / \sqrt{n}$$

가설 검정

어떤 가설에 따라 표본 데이터로 계산한 결과가 어느 정도 확률로 일어날 수 있는지 계산해 가설의 옳고 그름을 판단하는 기법을 의미한다.

표본평균을 통해 모평균이 어느 정도 범위에 몇 % 확률로 들어가는지 신뢰구간을 추정하는 기법을 **구간 추정**이라한다. **가설 검정**은 통계적 가설의 성립 여부를 모집단에서 추출한 표본을 사용해 판단하는 기법이다. 구간 추정으로 모평균이 어느 정도 범위에 몇 % 확률로 포함되는지 추정한다면, 가설 검정으로 자신이 세운 가설이 어떤 기준에서 옳은지 판단한다.

모분산을 모를 때 모평균의 신뢰구간을 추정하는 방법

을 정리해 보자. 앞서 모분산을 알지 못할 때 표본평균은 정규분포와 유사한 t 분포를 따른다고 했으므로 모평균의 신뢰구간은 '표본평균 ±t×표준오차'가 된다. 이때 t 는 t 분포표를 참고해 계산하고 표준오차는 '표본의 표준오차 ÷$\sqrt{\text{표본 수}}$'로 산출한다.

한편 가설 검정은 모평균의 가설을 μ_0라고 가정한 가설을 검정할 때 표본 데이터에서 얻은 표본평균이 발생할 확률을 산출한다. 검정에 필요한 **검정 통계량**을 계산해 그것이 따르는 분포표(이번에는 t 분포표)에서 그 값을 취할 확률을 구한다. 신뢰구간의 부등식을 변형하면 검정에 필요한 검정 통계량을 산출할 수 있다.

계산된 결과가 발생할 확률이 기준 이하(일반적으로 5% 이하)이면 가설 μ_0에 따라 모평균이 표본평균과 일치하는 일은 거의 일어나지 않으므로 가설은 옳지 않다고 판단할 수 있다. 이는 모평균의 가설 μ_0가 표본평균에서 구한 신뢰구간에 포함되지 않는다는 의미다.

≫ 모분산을 모를 때 모평균 신뢰구간 추정 ≪

앞서 소개한 신뢰구간의 부등식을 바탕으로

분산 σ^2을 표본분산 s^2으로 치환한다.

이때 표본평균 M은 평균 μ, 분산 s^2/n의 t분포를 따른다.

$$M - t \times s / \sqrt{n} \leq \text{모평균} \mu \leq M + t \times s / \sqrt{n}$$

※ t는 t분포표에서 구할 수 있다.

표본 수가 10이고 확률 95% 범위라고 할 때 t = 2.26

≫ 신뢰구간 부등식을 활용한 검정 통계량 계산 ≪

부등식을 변형해 모평균 μ의 최댓값과 최솟값을 구하면

$$\text{모평균} \mu = M \pm t \times s / \sqrt{n}$$

$s / \sqrt{n}$를 표준오차라고 한다.

t를 좌변으로 가져가서 $\pm$를 버리는 변환을 하면

$$t = \frac{\text{표본평균} M - \text{모평균} \mu}{s / \sqrt{n}}$$

모평균의 가설을 μ_0라고 가정한 가설 검정을 할 때

$$\text{검정 통계량 } t = \frac{\text{표본평균} M - \text{가설} \mu_0}{s / \sqrt{n}}$$

t분포표에 따라 표본 데이터로 계산한 검정 통계량 t가 일어날 확률을 구한다.

그 확률을 바탕으로 가설의 옳고 그름을 판단한다.

상관계수

두 개의 데이터 사이 관계의 강도를 나타내는 수치를 의미한다. 각 데이터와 평균값의 차이를 곱한 값들의 평균인 공분산과 각 데이터의 표준편차로 계산한다.

신장과 체중이라는 두 개의 데이터 사이 관계를 조사한다고 가정해 보자. 신장, 또는 체중 각 데이터의 흩어진 정도를 나타내는 수치가 '분산'이다. 각 데이터와 평균값의 차이를 제곱한 값들을 평균하여 구한다.

이에 반해 두 개의 데이터 사이 관계를 나타내는 수치가 **공분산**이다. 각 데이터와 평균값의 차이인 편차를 곱한 값, 이 사례에서는 '(신장 – 신장 평균)×(체중 – 체중 평균)'을 평균하여 구한다. 신장이 큰 사람은 체중이 무거운 경향이 있으므로 신장의 편차가 양수일 때는 체중의 편차도, 편차의 곱도 양수가 된다.

이때 신장과 체중이라는 단위가 서로 다른 변수를 곱해 계산 결과를 알기 어렵다. 그래서 공분산을 각 데이터의 표준편차(=$\sqrt{분산}$)의 곱으로 나눈 값인 **상관계수**로 판단한다.

상관계수는 단위에 의존하지 않는 무차원량이지만 공분산과 부호가 같으며, -1~+1의 값을 갖는다. 상관계수가 양수일 때는 정(正)의 상관, 음수일 때는 부(負)의 상관, 0일 때는 무상관이 있다고 말한다.

다만 상관계수는 선형적인 관계의 강도를 나타내는 수치에 불과하다. 예를 들어 X와 Y를 산포도로 나타냈을 때 U자형 관계가 된다면 서로 관계가 있다고 생각할 수 있지만 무상관으로 상관계수는 0이 된다.

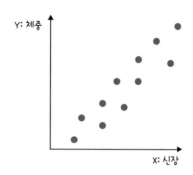

신장과 체중의 산포도

공분산   Cov(X, Y) = (X − X의 평균) × (Y−Y의 평균)

상관계수

$$r(X, Y) = \frac{X와\ Y의\ 공분산}{(X의\ 표준편차) \times (Y의\ 표준편차)}$$

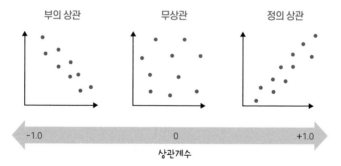

부의 상관   무상관   정의 상관

-1.0   0   +1.0

상관계수

베이즈 통계

베이즈 정리에 근거한 통계학을 의미한다. 베이즈 정리는 특정 조건 아래 어떤 사건이 일어날 확률, 즉 조건부 확률을 바탕으로 데이터를 분석하고 해석하는 이론이다.

베이즈 통계는 영국 성직자 토머스 베이즈가 제창한 **베이즈 정리**를 기본 개념으로 하는 통계학이다. 빌 게이츠가 "마이크로소프트의 경쟁 우위는 베이즈 기술 덕분이다"라고 언급하면서 비즈니스에 활용할 수 있다는 사실이 알려져 주목을 받게 되었다.

베이즈 정리를 비즈니스에 활용한 사례로는 스팸 메일 판정이 있다. "메일 본문에 '무료'라는 단어가 포함되어 있으면 스팸 메일로 판단할 수 있는가"라는 문제다. 다음 그림은

100통의 메일 사례를 정리한 것이다. 전체 메일에서 '무료'라는 단어가 등장하는 비율(10%)에 비해 스팸 메일에서 '무료'라는 단어가 등장하는 비율(30%)이 높아 서로 영향이 있을 것으로 보인다. 다만 '무료'라는 단어가 등장한다고 해서 모두 스팸 메일이라 단정할 수는 없다.

하지만 관점을 바꾸면 이야기가 달라진다. 스팸 메일 중 '무료'라는 단어가 등장하는 메일 비율은 30%인 반면 '무료'라는 단어가 등장하는 메일 중 스팸 메일 비율은 60%를 차지한다.

베이즈 정리는 다음 벤다이어그램에서 겹치는 부분의 관계를 수식으로 나타낸 것이다. 당연한 이야기지만 베이즈 정리의 핵심은 관점을 바꾼다는 것이며, 이 개념을 적용하면 데이터를 해석할 때 오해를 배제할 수 있다. 같은 데이터를 활용하더라도 관점을 바꾸면 결과에 미치는 요인을 보다 정확하게 평가할 수 있다. 이러한 사고방식을 바탕으로 데이터를 분석하는 것이 바로 베이즈 통계.

스팸 메일과 '무료' 단어 등장 메일의 관계

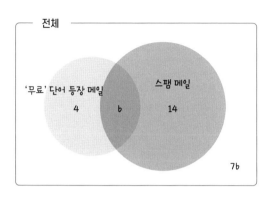

스팸 메일 20통

그중 '무료'라는 단어가 등장하는 메일 6통

→ 스팸 메일로 식별된 메일 중 '무료'라는 단어가 등장하는 메일 비율 30%

'무료'라는 단어가 등장하는 메일 10통

→ 전체 메일 중 '무료'라는 단어가 등장하는 메일 비율 10%

관점을 바꾼다

'무료'라는 단어가 등장하는 메일 중 스팸 메일 6통

→ '무료'라는 단어가 등장하는 메일 중 스팸 메일 비율 60%

몬티 홀 문제

미국 TV 프로그램에서 출제되어 정답을 두고 수학 전문가 사이에서 의견이 갈렸던 문제로 직감과는 다른 결과가 나오면서 베이즈 정리를 대표하는 예제의 하나로 꼽힌다.

베이즈 정리를 응용해 생각해 볼 수 있는 대표적인 사례로 **몬티 홀 문제**가 있다. 몬티 홀이라는 사회자가 진행을 맡은 미국 TV 게임 쇼에서 출제되어 정답을 두고 수학 전문가 사이에서 의견이 갈렸던 문제다.

게임의 개요는 세 개의 문 가운데 뒤에 선물이 있는 문을 맞히는 것이다. 참가자가 하나의 문을 선택하면 정답을 알고 있는 사회자가 남은 두 개의 문 가운데 '꽝'인 문을 알려준다. 이때 참가자는 처음 선택한 문을 그대로 유지할 것인지, 아니면 다른 문으로 바꿀 것인지 선택해야 한다.

직감적으로 볼 때 열리지 않은 문이 두 개이고, 어느 한쪽에 선물이 있으므로 당첨 확률은 어느 쪽을 선택하든 2분의 1처럼 생각된다. 그러나 선물에 당첨될 확률은 선택을 바꾸지 않으면 3분의 1, 선택을 바꾸면 3분의 2가 된다.

이 문제를 베이즈 정리로 풀어보자. 참가자가 B의 문을 선택한 후 사회자가 A의 문을 열 확률을 계산해 보자.

① A가 선물이고 A를 연다:

　3분의 1 × 0　선물이 있는 문은 열지 않는다

② B가 선물이고 A를 연다:

　3분의 1 × 2분의 1　A, 또는 C의 문을 연다

③ C가 선물이고 A를 연다:

　3분의 1 × 1　A의 문을 열 수밖에 없다

A의 문을 열 확률은 ①~③의 합으로 6분의 3이 되고, 그중 C의 문이 선물일 확률은 ③의 3분의 1이다. A의 문을 열었다는 전제 아래서는 C의 문이 선물일 확률은 3분의 1 ÷ 6분의 3 = 3분의 2가 된다.

≫ 몬티 홀 문제 ≪

A, B, C 세 개의 문 가운데 하나의
문 뒤에 선물이 있다.

당신은 B를 골랐다.

사회자가 A는 '꽝'이라고 알려주면
서 선택을 바꿔도 된다고 말한다.

처음 고른 B를 유지했을 때와 C로 바꾸었을 때 중
어느 쪽이 선물을 받을 확률이 높을까?

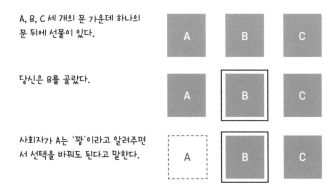

≫ 베이즈 정리를 이용한 계산 ≪

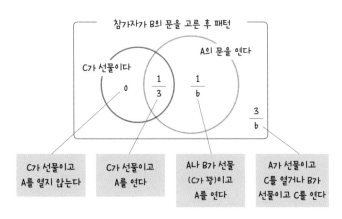

참가자가 B의 문을 고른 후 패턴

C가 선물이다

A의 문을 연다

0 $\frac{1}{3}$ $\frac{1}{b}$ $\frac{3}{b}$

C가 선물이고
A를 열지 않는다

C가 선물이고
A를 연다

A나 B가 선물
(C가 꽝)이고
A를 연다

A가 선물이고
C를 열거나 B가
선물이고 C를 연다

인과 추론

입력 데이터(인풋)와 출력 데이터(아웃풋)로 그 인과관계, 즉 원인과 그로 인해 발생하는 결과의 관계를 통계적으로 추정하는 사고법이다.

전통적으로 통계학에서는 여러 데이터 사이 **상관관계**를 분석하는 기법이 중심이 되었다. 그러나 최근 몇 년 사이 상관관계가 아니라 **인과관계**를 추정하는 **인과 추론**이 주목을 받고 있다. 인과 추론을 이용하여 정책 효과를 측정한 학자가 노벨 경제학상을 수상하면서 더욱 관심이 집중되고 있다.

인과관계 분석을 비즈니스에 활용한 사례로는 광고 효과 추정을 들 수 있다. 광고를 접해서 상품(이를테면 에어컨이나 아이스크림)의 구매율이 높아졌는지, 아니면 단순히 기온이 올라가서 상품을 구매한 사람이 늘었는지 명확히 밝힐 필요가 있다. 이 경우 실제로 광고를 접한 사람이 '만약 광고를 접하지 않았다면' 어떻게 되었을지 그 결과를 파악해 인과관계를 추정한다. 광고를 접했을 때의 효과와 접하지 않았을 때의 효과를 비교하면 그 차이가 인과관계 비율이라 할 수 있다.

광고 효과는 광고를 접한 사람(실험군)과 접하지 않은 사람(대조군)에 대해 상품을 구매한 비율을 비교해 추정한다. 그러나 실제로는 광고를 접하지 않은 사람(대조군) 데이터에서 광고를 접한 사람(실험군)이 광고를 '접하지 않았을 때'의 효과를 가늠한다. 일반적으로 광고를 접하는 비율은 여성이 남성보다 높다고 알려져 광고 효과인지 성별 영향인지 특정할 수 없다. 따라서 광고 접촉과 비접촉 이외의 조건을 동일하게 설정해 실험군과 대조군을 비교해야 한다.

≫ 인과 추론 ≪

[인과 추론]

원인이 되는 요소를
'접한 사람(실험군)'과 '접하지 않은 사람(대조군)'의 결과를
비교해 인과관계를 추정한다

인과관계 추정의 핵심

① 실험군과 대조군의 행동 결과로 실험군의 '만약 ○○였다면'의 효과
를 추정한다

② 실험군과 대조군의 표본 구성은 ○○ 이외의 요소는 동일하게 보정
한다

③ 모든 요소를 동일하게 할 수 없으므로 결과에 영향을 미치는 중요한
요소를 추출한다

여기서 ○○란 원인이 되는 요소, 즉 광고 접촉, 의약품 투여, 정책 실시
대상 여부 등을 말한다

AI

'AI'를 구현하기 위한 데이터 분석 기술의 하나가 '머신러닝'이고,
머신러닝의 대표적인 분석 기법이 '딥러닝'이다.

데이터 사이언스와 관련된 유행어로 AI와 딥러닝, 머신
러닝 등이 있다. 이 단어들은 정의가 모호한 부분이 있지만
개념의 폭을 기준으로 정리하면 다음 그림과 같은 관계가
된다.

AI(Artificial Intelligence, **인공지능**) 개념이 가장 넓다고 할 수
있다. AI는 명확한 정의가 없지만 사전적으로 정의된 개념
은 '인간이 가진 학습 능력, 추론 능력, 지각 능력 등을 컴퓨
터 프로그램을 활용하여 인공적으로 실현한 지능'을 의미한

다. 이러한 인공적인 지능은 대규모 데이터의 배경에 있는 규칙으로 만들어진다. 이 규칙을 기계(컴퓨터)를 이용하여 발견하는 방법이 **머신러닝**(machine learning, **기계학습**)이다.

기계로 규칙을 발견할 때 규칙의 구조를 컴퓨터에 알려주어야 한다. 기계가 규칙의 구조를 검토할 때 뇌 신경 세포(뉴런)의 네트워크 구조를 바탕으로 하는 개념이 **뉴럴 네트워크**(neural network, **신경망**)다. 뉴럴 네트워크 중에서도 구조를 다층화하여 더 정확한 규칙을 찾아내는 개념이 **딥러닝**(deep learning, **심층학습**)이다. 컴퓨터 등 하드웨어 발달로 다층화가 가능해지면서 모형의 정밀도가 높아졌다.

머신러닝에는 입력 데이터와 출력 데이터(정답)가 갖추어진 **지도 학습**(supervised learning)과 일련의 입력 데이터를 바탕으로 배경에 있는 패턴을 찾아내는 **비지도 학습**(unsupervised learning)이 있다.

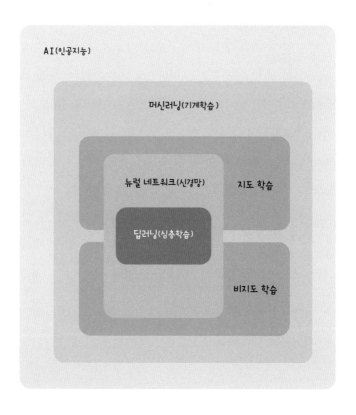

AI (인공지능)

머신러닝 (기계학습)

뉴럴 네트워크 (신경망)   지도 학습

딥러닝 (심층학습)

비지도 학습

데이터를 분석하는 방법의 하나로 기계(컴퓨터)가 스스로 방대한 데이터를 학습해 처리 경험을 바탕으로 데이터의 배경에 있는 규칙이나 패턴을 발견하는 기술을 말한다.

머신러닝을 이용해 데이터의 배경에 있는 규칙이나 패턴을 학습하는 방법에는 세 가지가 있다.

첫째, **지도 학습**은 입력 데이터와 출력 데이터의 관계를 분석하는 학습 방법이다. 모든 데이터 조합을 대상으로 통계적 분석 기법인 회귀분석을 기계적으로 실시하는 방법 등이 있다.

둘째, **비지도 학습**은 입력 데이터의 배경에 있는 패턴이나 구조를 찾아내는 학습 방법이다. 각 데이터가 얼마나 가까운지, 또는 얼마나 유사한지 등을 계산해 데이터를 그룹으로 묶거나 데이터 사이 연결을 추정한다.

셋째, **강화 학습**은 지도 학습이나 비지도 학습과는 달리 처음부터 데이터가 주어지는 것이 아니라 시스템 스스로 시행착오를 거치면서 예측의 정밀도를 높여 나가는 학습 방법이다.

어떤 학습 방법이든 변화 요인에 대해 미래의 값을 정확하게 예측하고 그 결과를 바탕으로 성과를 극대화하기 위한 입력(인풋) 데이터를 고민하는 것이 목적이다. 머신러닝에서 가장 중요한 것은 예측의 정밀도다. 데이터 배경에 있는 규칙을 제대로 설명할 수 있느냐가 아니라 얼마나 정확하게 예측할 수 있느냐가 중요하다.

머신러닝을 활용하여 매출을 극대화하는 마케팅 전략을 마련하거나 공장의 생산 공정이나 배송 경로를 최적화하는 방안을 생각할 수 있다. 이러한 이유로 머신러닝은 비즈니스 분야에서 폭넓게 활용되고 있다.

>> 머신러닝 종류 <<

머신러닝

지도 학습
- 입력 데이터와 출력 데이터(정답)가 주어져 있고 입력 데이터로 출력 데이터를 추정한다
- 날씨, 가격, 판촉 등의 요인으로 매출을 예측하는 일 등

비지도 학습
- 목적이 되는 변수는 없고 입력 데이터로 배경에 있는 패턴이나 구조를 찾아낸다
- 인터넷 쇼핑몰에서 고객에게 추천 정보를 제공하는 로직, 클러스터링 등

강화 학습
- 처음부터 데이터가 주어지는 것이 아니라 시스템 스스로 시행착오를 거치면서 예측의 정밀도를 높여 나간다
- 로봇이 보행 거리를 늘리기 위해 시행착오를 거치면서 최적의 경로를 찾아내는 일 등

딥러닝

데이터 배경에 있는 규칙이나 패턴을 학습하는 기술로 다층적인 (deep) 구조로 사고하는 방법을 의미한다.

일반적인 데이터 분석은 입력 데이터(인풋)와 출력 데이터(아웃풋) 사이 관계를 직접적으로 분석한다. 이에 반해 **딥러닝**은 입력층과 출력층 사이에 중간층(은닉층, hidden layer)을 두고 이 중간층을 다층화해 학습한다. 층이 늘어날수록 정보의 복잡성에 대한 대응 능력이 향상되어 데이터 분석의 정밀도가 높아진다.

딥러닝을 활용한 사례로는 '손글씨 인식'을 들 수 있다. 예를 들어 '3'이라는 손글씨를 인식할 때 손글씨 영역을 분

데이터를 읽는 사람은 언제나 강하다

할하고 다층화해 판단 기준이 되는 규칙을 찾아낸다. 2×2 매트릭스로 분할한다면 왼쪽 위 구역은 '오른쪽으로 약간 올라가는 선이 있다', '왼쪽 아래가 끊어져 있다'라는 점이 '3'이라는 숫자의 특징이라 할 수 있다. '오른쪽으로 약간 올라가는 선이 있다'라는 것은 그 구역의 '왼쪽 위는 하얗다(선이 없다)', '오른쪽 위는 까맣다(선이 있다)' 등의 규칙으로 분해할 수 있다. '왼쪽 아래가 끊어져 있다'라는 점에서는 '왼쪽 아래는 절반만 채워져 있다'와 같은 규칙을 찾아낼 수 있다. 이처럼 여러 개의 층을 만들어 분석하면 더 정확한 규칙을 발견할 수 있다.

딥러닝의 응용 범위로는 손글씨 인식·얼굴 인증·의료 검사·자율주행 등 **이미지 인식**, 스마트 스피커 등 **음성 인식**, 자동 번역·콜센터 대응 등 **자연어 처리**, 센서 등을 통한 공장의 **이상 검출** 시스템 등이 있다.

≫ 딥러닝 ≪

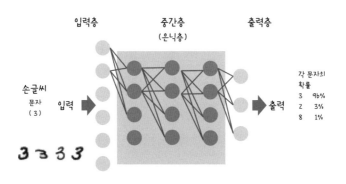

입력층   중간층   출력층
(은닉층)

손글씨
문자
(3)

입력 → 출력

각 문자의
확률
3   96%
2   3%
8   1%

왼쪽 위, 왼쪽 아래 등
각 구역 정보

[판단 기준]

• 전체적으로 흰색이 많다

• 매트릭스의 절반은 까맣다

• 위쪽은 까맣다

• 오른쪽 위는 까맣다

• 왼쪽 아래는 하얗다

     규칙을 다층화하기

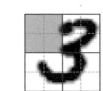 →

(왼쪽 위 구역)

• 오른쪽으로 올라가는 선이 있다

• 왼쪽 아래가 끊어져 있다

• 왼쪽 위는 하얗다

• 오른쪽 위는 까맣다

• 왼쪽 아래는
흰색과 검은색이 반반이다
(그림에서는 하얗다)

알고리즘

계산 절차나 방법을 의미한다. 프로그램을 설계할 때 주어진 문제를 어떻게 풀 것인지 보여준다.

머신러닝이 확산되고 프로그래밍 언어인 **파이썬**(Python)이 보급되면서 활용할 수 있는 **알고리즘** 수가 크게 늘었다. 알고리즘은 데이터 사이언티스트에게 필요한 기초 지식이므로 다양하게 알아둘 필요가 있다.

파이썬 등의 **라이브러리**(library, 소프트웨어를 개발할 때 자주 사용되는 부분 프로그램들의 집합 - 옮긴이)에 다양한 알고리즘이 무료로 공개되어 있으므로 프로그래밍을 못 하더라도 최소한 라이브러리는 다룰 수 있어야 한다. 주어진 문제에 대해 어떤 알고리즘을 적용해야 할지 판단하는 능력이 필요하기 때문이다.

기본적인 알고리즘에는 데이터를 순서대로 정렬하는 **정렬**(sort), 원하는 데이터가 어디에 있는지 찾는 **탐색**, 유사한 데이터를 그룹으로 묶는 **클러스터링**(clustering), 데이터를 암호로 전달하고 복원하기 위한 규칙을 정하는 **암호화** 등이 있다.

이후에는 주로 비즈니스 분야에 종사하는 데이터 사이언티스트가 알아야 할 알고리즘 위주로 소개한다. 비즈니스 분야에서 활용하는 알고리즘은 단순히 문제를 해결하는 것으로 그 역할이 끝나지 않는다. 프로그램 처리 시간이 짧고 다양한 문제에 두루 활용되며 그것을 선택한 이유를 알기 쉽게 설명 가능해야 한다.

알고리즘

시작

배열에 값을 넣는다

루프
1 : 0, 1, 요소 수

요소[i]의 값 > 최댓값 — false

true

최댓값을 요소[i]로 경신한다

요소[i]의 값 < 최솟값 — false

true

최솟값을 요소[i]로 경신한다

루프를 종료한다

결과를 표시한다

끝

회귀분석

설명 변수(x, 원인 측 데이터)와 목적 변수(y, 결과 측 데이터)의 관계를 규명해 수식으로 나타내는 분석 기법으로 예측값과 실측값의 오차가 최소가 되는 값을 구한다.

회귀분석은 설명 변수(x, 원인 측 데이터)와 목적 변수(y, 결과 측 데이터)의 관계를 수식으로 나타낸다. 설명 변수를 통해 목적 변수를 예측하거나 두 변수 사이 관계를 규명할 때 사용된다. 회귀분석을 할 때 설명 변수가 하나이면 **단순 회귀**, 여러 개이면 **다중 회귀**라고 한다. 예를 들어 신장으로 체중을 추정할 때는 단순 회귀, 신장·체지방·연령 등 여러 개의 변수로 체중을 추정할 때는 다중 회귀다.

회귀식 형태에도 여러 가지가 있다. 단순 회귀를 예로 들

데이터를 읽는 사람은 언제나 강하다

면 y = a · x + b라는 형태로 x와 y의 관계를 나타내는 경우 **선형 회귀**라고 한다. $\log_e y = a · \log_e x + b$라는 형태로 **로그 변환**을 통해 관계를 근사 계산하는 경우도 있다. x값에 대해 y의 최댓값, 최솟값이 존재하는 경우 직선으로 표현하는 것보다 로그 형태로 수식화하는 것이 보다 정확하게 근사 계산할 수 있다.

일반적으로 x와 y의 관계를 계산할 때는 **최소 제곱법**을 이용한다. 최소 제곱법은 어떤 x에 대한 y의 값(실측값)과 a · x + b라는 수식으로 산출한 값(예측값)의 차이(오차)를 구한다. 이 오차를 모든 x에 대해 계산해 그 합계가 최소가 되는 a와 b를 계산하는 방법이다. 다만 오차는 음수일 수도 있으므로 이를 제곱해 모두 양수 값으로 만든 다음 그 합을 최소로 하는 값을 구한다.

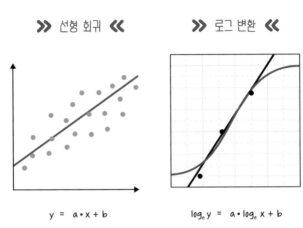

≫ 선형 회귀 ≪

$$y = a \cdot x + b$$

≫ 로그 변환 ≪

$$\log_e y = a \cdot \log_e x + b$$

≫ 최소 제곱법 ≪

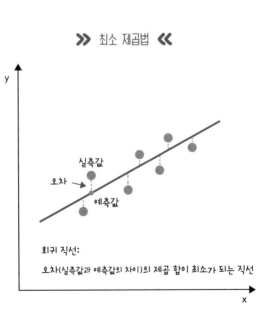

y

실측값

오차

예측값

x

회귀 직선:

오차(실측값과 예측값의 차이)의 제곱 합이 최소가 되는 직선

다중 공선성

다중 회귀분석에서 두 개 이상의 설명 변수가 높은 선형 관계를 보이는 상황을 의미한다.

단순 회귀($y = a \cdot x + b$)와 달리 다중 회귀는 설명 변수가 여러 개다. 이러한 다중 회귀는 설명 변수가 많을수록 전체 모형의 설명력이 높아지는(오차가 작아지는) 경향을 보인다. 그러나 실제로는 목적 변수에 거의 기여하지 않는(계수가 0에 가까운) 변수가 있거나, 직관에 반하는 관계(계수 부호가 반대인)의 수식이 되기도 한다. 선택한 설명 변수가 옳지 않을 가능성도 있지만 일반적으로 설명 변수 사이 상관관계가 있는 것이 문제가 된다.

편의점 아이스크림 매출을 예측하는 다중 회귀 모형을 생각해 보자. 설명 변수로는 방문 고객 수, 기온, 강수량, 강수 시간, 가격, 할인율 등을 고려할 수 있다. 이 중 강수량과 강수 시간, 가격과 할인율은 서로 강한 상관관계가 존재할 가능성이 있다. 강수량이 많은 날은 강수 시간이 길 가능성이 크고, 가격이 높은 상품은 할인율이 낮을(고급품은 할인하지 않을) 확률이 높다.

이처럼 다중 회귀분석에서 설명 변수 중 상관계수가 높은 변수의 조합이 존재하는 경우를 **다중 공선성**(multicollinearity)이라 한다. 다중 회귀분석의 정밀도를 높이기 위해서는 변수 사이 상관관계를 고려해 시행착오를 거치면서 다중 회귀 모형에 채택할 설명 변수의 다중 공선성을 제거해야 한다.

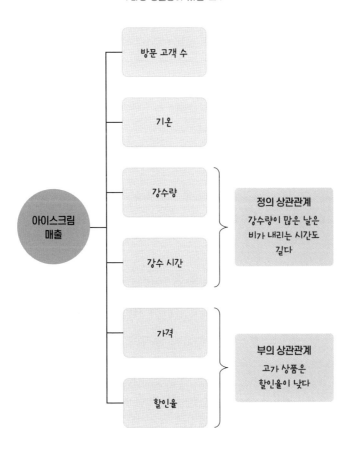

아이스크림의 매출 예측의 다중 회귀 모형
(다중 공선성이 있을 때)

방문 고객 수

기온

강수량

강수 시간

아이스크림
매출

정의 상관관계
강수량이 많은 날은
비가 내리는 시간도
길다

가격

할인율

부의 상관관계
고가 상품은
할인율이 낮다

회귀분석의 P값

회귀분석으로 산출된 계수가 통계적으로 옳다고 할 수 있는지 검정하는 지표다. P값의 P는 확률을 나타내는 Probability를 의미한다.

회귀분석은 이제 엑셀 같은 스프레드시트 프로그램에서도 손쉽게 실행할 수 있다. 간단한 선형 회귀($y = a \cdot x + b$)의 출력 사례를 살펴보자. 주어진 데이터로 최소 제곱법을 사용하여 계수를 계산한 결과 a = 0.187, b(절편) = 0.014가 나왔다. 이 계수가 나올 확률(유의성)을 검정한 결과가 바로 **t값**(t라고도 표현한다)과 **P값**이다.

검정 대상이 되는 가설은 "x와 y는 관계가 없다(a가 0이 된다)"이며, 이 가설을 기각할 수 있다면 x와 y 사이에는 '회귀

계수 a라는 관계가 존재한다'라고 생각할 수 있다. 표본 데이터로 계산한 결과, 정규분포와 유사한 **t분포**를 보인다는 사실이 밝혀졌다. 이러한 성질을 바탕으로 **t검정**이라는 검정을 실시한다.

t검정에서는 't값'이라는 검정 통계량을 바탕으로 가설이 옳을 확률을 검정한다. 다음 표에서 계수 a의 검정 통계량 t 값은 2.597이고, "a가 0이 된다"라는 가설이 성립할 확률(P값)은 0.020(2.0%)가 된다. 유의 수준을 0.05(5%)라고 할 때 "a가 0이 된다"라는 가설은 기각된다. 따라서 가설 검정 결과, 계수 a가 0.187로 계산된 가설은 오류라고 할 수 없다고 판단 가능하다.

만약 P값이 0.05보다 크면 가설은 기각되지 않고 a가 0이 될 가능성이 있으므로 가설의 전제가 되는 계수 a의 값은 통계적으로 옳다고 할 수 없다.

	계수	표준오차	t값	P값
절편 : b	0.014	0.004	3.271	0.005
a	0.187	0.072	2.597	0.020

>> 회귀분석의 검정 흐름 <<

선형 모형(y = a·x + b)

① 표본 데이터로 최소 제곱법을 사용하여 계산하면 a = 0.187이
   나온다

② 계수 a를 0.187로 계산했을 때 a가 0이 된다는 가설을 검정한다
   (t검정)

③ 검정 통계량 t값은 2.597이 된다.
   t값 = (샘플 값 - 가설 값) ÷ 표본 표준오차

④ t값이 2.597이 될 확률은 2.0%(P값)가 된다

⑤ 유의 수준을 5.0%라고 가정하면 5.0% 이하일 확률은 매우 드물
   다고 할 수 있다

⑥ P값이 2.0%가 나온 이번 가설(a가 0이 된다)은 기각된다

⑦ 계수 a가 0.187로 계산되었을 때 a가 0이 된다고 할 수 없다

⑧ 계수 a를 0.187로 생각해도 좋다(오류라고 할 수 없다)

로지스틱 회귀

목적 변수가 0과 1의 두 개의 값을 가질 때 설명 변수와의 관계를 수식으로 나타내는 분석 기법을 의미한다. 각 설명 변수일 확률을 추계해 확률이 0.5를 넘는지 여부로 목적 변수의 값이 1인지 0인지 판단한다.

로지스틱 회귀는 회귀분석 중에서도 목적 변수가 0과 1의 두 개의 값을 가질 때 사용하는 분석 기법이다. 생존율·합격률 등 최종적으로 정답이 0(불합격), 또는 1(합격)이 되는 현상을 설명하거나 예측하는 데 사용된다. 선형 회귀가 체중·매출 등의 양적 변수를 예측한다면 로지스틱 회귀는 생존·합격 등의 발생 확률을 계산한다.

회귀 그래프는 다음 그림과 같으며 설명 변수에 대해 목적 변수는 0, 또는 1이 된다. 회귀식으로 계산되는 결과는

0과 1 사이 값이 되지만 0.5를 넘어서면 '1'이 된다고 생각하고 두 개의 값을 예측한다. 예를 들어 목적 변수를 '합격'으로 설정하면 공부 시간, 모의고사 점수, 동아리 활동 시간 등을 설명 변수로 고려할 수 있다. 이러한 설명 변수의 수준에 따라 합격 확률이 계산된다. 회귀식 형태는 로그를 사용한 수식이 되지만 각 설명 변수의 계수는 선형 회귀와 마찬가지로 최소 제곱법을 사용해 계산한다.

각 설명 변수가 목적 변수에 영향을 미치는 정도를 비교할 때 선형 회귀에서는 계수 크기를 보고 추정한다면 로지스틱 회귀에서는 **오즈비**(odds ratio, 교차비)를 본다. 공부 시간이 X시간 이상일 때 합격 가능성(= 합격 확률 ÷ 불합격 확률)과 X시간 미만일 때 합격 가능성의 비율인 오즈비를 구하여 공부 시간이 합격에 미치는 영향을 평가한다.

≫ 선형 회귀 ≪

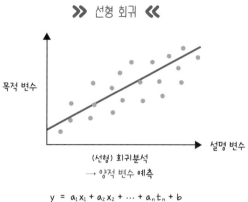

(선형) 회귀분석
→ 양적 변수 예측

$$y = a_1 x_1 + a_2 x_2 + \cdots + a_n t_n + b$$

≫ 로지스틱 회귀 ≪

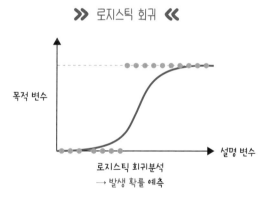

로지스틱 회귀분석
→ 발생 확률 예측

$$p = \frac{1}{1 + \exp(-(a_1 x_1 + a_2 x_2 + \cdots + a_n t_n + b))}$$

$$\ln \frac{p}{1-p} = a_1 x_1 + a_2 x_2 + \cdots + a_n t_n + b$$

결정 트리

목적 변수 예측 모형으로 목적 변수에 영향을 미치는 설명 변수를
나무 모양의 모형으로 정리한 알고리즘을 의미한다.

설명 변수(입력 데이터)와 목적 변수(출력 데이터)가 주어
져 있고 데이터 사이 관계로 목적 변수를 예측하는 기법을
지도 학습이라 한다. 지도 학습의 분석 기법에는 실적으로
미지의 수치를 예측하는 **회귀**와 목적 변수에 따라 설명 변
수를 적절한 그룹으로 나누는 **분류**의 두 가지가 있다. 대표
적인 분류 방법에는 **결정 트리**(decision tree, 의사결정나무)가
있다.

결정 트리는 목적 변수(예를 들어 아이스크림 매출)에 영향

을 미치는 설명 변수(예를 들어 요일, 기온, 날씨)를 밝혀 설명 변수 구조를 나무 모양의 모형(수형도)으로 정리하는 분석 기법을 의미한다. 예를 들어 휴일이고 기온이 섭씨 30도 이상이며 비가 내리지 않을 때 아이스크림이 잘 팔린다는 현상을 구조화해 보면 다음 그림과 같다.

결정 트리는 나무 모양이므로 시각적으로 쉽게 파악하고 해석할 수 있다는 장점이 있다. 결정 트리의 분기점이 되는 설명 변수의 내용이나 수준은 목적 변수를 가장 높은 정밀도로 분류할 수 있도록(아이스크림 매출 차이가 확대되도록) 설정된다.

결정 트리 분석은 오차가 크기 때문에 여러 번 실시하여 분석의 정밀도를 높이는 방법을 **앙상블 학습**이라 한다. 대표적으로 학습 데이터를 여러 개로 분할하는 **배깅**(bagging)이 있다. 분할된 데이터마다 결정 트리 분석을 수행하고 그 결과를 평균해 목적 변수를 추계하는데, 이를 **랜덤 포레스트**(random forest)라고 한다.

>> 1일 아이스크림 매출 <<

	최고 기온	평균 강수량	아이스크림 매출
1	32°C	3mm	8.3만 엔
2	31°C	2mm	8.2만 엔
3	30°C	0mm	8.1만 엔
4	28°C	1mm	1.3만 엔
5	26°C	0mm	1.5만 엔
6	27°C	1mm	1.4만 엔
7	29°C	4mm	0.6만 엔
8	28°C	3mm	0.7만 엔
9	28°C	2mm	0.8 만 엔

나무 모양으로 가시화한다

>> 결정 트리 <<

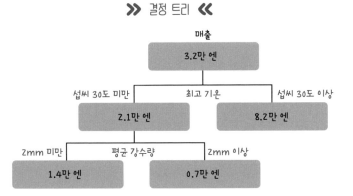

LightGBM

결정 트리의 하나로 그래디언트 부스팅이라는 기술을 사용해 학습을 수행한다. 정밀도가 높고 신뢰성과 범용성이 뛰어나다는 특징이 있다.

LightGBM은 Light Gradient Boosting Machine의 머리글자를 딴 용어로 마이크로소프트가 2016년 개발한 분석 알고리즘이다. **그래디언트 부스팅**(Gradient Boosting)이라는 학습 기법을 사용해 여러 번의 결정 트리 분석을 수행한다. **부스팅**(Boosting)은 주어진 데이터로 결정 트리 분석을 수행한 후 예측이 잘못된 데이터에 가중치를 부여해 결정 트리 분석 과정을 반복하며 정밀도를 높이는 기법을 의미한다.

그래디언트 부스팅은 데이터에 가중치를 부여하는 것이

아니라 예측값과 실측값의 오차를 계산해 이를 결정 트리로 학습하는 기법이다. 부스팅과 마찬가지로 오차에 대한 학습을 반복해 정밀도를 높인다. 그래디언트 부스팅을 이용한 알고리즘에는 **XGBoost**나 **CatBoost**도 있지만 LightGBM은 매우 빠른 속도로(Light) 데이터 처리를 한다는 점이 가장 큰 특징이다.

그래디언트 부스팅은 오차를 최소화하기 위해 분할 요소나 기준을 찾기 때문에 데이터양이 많으면 계산량도 늘어난다. 이때에도 LightGBM은 결정 트리 하나하나의 정확도를 떨어뜨리지 않으면서 고속으로 처리할 수 있다는 장점이 있다. 파이썬이나 R 같은 프로그래밍 언어의 라이브러리에 제공되기 때문에 누구나 이용할 수도 있다. 예측 모형의 요소나 영향 정도가 표시되어 전문 분석가가 아닌 일반인도 이해하기가 쉬워 많은 분야에서 활용되고 있다.

데이터를 읽는 사람은 언제나 강하다

≫ 결정 트리의 앙상블 학습 ≪

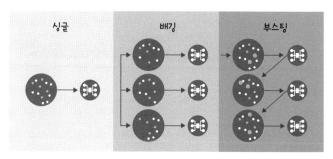

싱글	배깅	부스팅
통상적인 결정 트리에 따라 학습한다	원시 데이터를 분할해 학습한 후 평균화한다	잘못된 데이터를 중점적으로 학습한다

≫ LightGBM으로 고속 계산하는 방법 ≪

● Leaf wise

일반적인 결정 트리의 경우에는 결정 트리 계층마다 계산(Level wise)하므로 한 계층의 분기가 모두 끝나고 나서 다음 계층을 계산하지만, 분기가 필요 없게 된 요소(=잎, leaf)에 대해서는 더 이상 계산하지 않는다

● Histogram based

결정 트리에서 분기할 때 모든 값을 보는 것이 아니라 히스토그램을 만들어 수치를 정리한 다음 분기한다

● Gradient-based One-Side Sampling(GOSS)

학습되지 않은 요소를 우선적으로 학습하기 위해 예측값과 실측값의 오차가 작은 데이터는 줄이고 오차가 큰 데이터만 남겨 학습 데이터의 양을 줄인다

● Exclusive Feature Bundling(EFB)

다른 특징량 중에서도 통합해도 문제가 없을 듯한 특징량을 하나로 통합하여 계산량을 줄인다

클러스터링

데이터를 서로 유사한 정도에 따라 그룹으로 묶는 기법을 의미한다. 목적 변수가 없는 비지도 학습 분야의 주된 분석 기법으로 입력 데이터의 유사성만으로 판단한다.

선형 회귀와 로지스틱 회귀, 결정 트리 등의 알고리즘은 **지도 학습** 분야의 분석 기법이다. 입력 데이터(설명 변수)와 정답인 출력 데이터(목적 변수)가 존재하며, 어떻게 하면 출력 데이터를 더 정확하게 예측할 수 있느냐가 학습 목적이다. 이제부터 소개할 알고리즘은 **비지도 학습** 분야에 속하는 분석 기법이다. 예측 대상이 되는 목적 변수가 없으므로 입력 데이터에서 배경에 있는 패턴이나 구조를 찾아내야 한다.

비지도 학습의 주된 분석 기법에는 **클러스터링**(clustering)
과 **차원 축소**(dimensionality reduction)가 있다. 예를 들어 고객
에 관한 데이터를 가지고 있는데 세로 방향으로 고객 이름
이, 가로 방향으로 개인 속성, 구매 금액, 가치관 설문 조사
결과 등이 나열되어 있다고 하자. 이 데이터를 세로 방향으
로 정리하는 것이 클러스터링이다. 개인 속성, 구매 금액 등
가로 방향의 정보를 활용하여 유사한 고객들을 묶어 세그먼
트를 만드는 사고법이다.

한편 이 데이터를 가로 방향으로 정리하는 것은 차원 축
소다. 데이터 항목은 서로 다르더라도 상관관계가 높은 데
이터를 하나로 묶어 생각하는 사고법이다. 이를테면 가치관
에 관한 설문 조사에서 복수 응답 결과를 하나로 묶는 방식
을 생각해 볼 수 있다. 정보량은 변하지 않고 데이터양이 줄
어들거나 간결해져 이해하기 쉬워진다는 장점이 있다.

≫ 지도 학습과 비지도 학습의 알고리즘 ≪

	종류	내용	대표적 기법	이용 상황
지도 학습	회귀	실적으로 미지의 수치 예측	• 선형 회귀	• 판매량 예측 • 기계의 이상 검출
	분류	주어진 데이터에 적절한 클래스 할당	• 로지스틱 회귀 • 결정 트리	• 스팸 메일 판정 • 손글씨 인식 • 카드 부정 검출
비지도 학습	클러스터링	값의 유사성을 바탕으로 데이터 그룹화	• k-평균법 • 혼합 정규분포 모형	• 고객 세분화
	차원 축소 · 정보 압축	데이터 특징을 남기면서 간략화	• 주성분 분석	• 얼굴 인증 • 상품 유사성 판단

≫ 클러스터링과 차원 축소 ≪

K-평균법

데이터를 클러스터링하는 대표적인 알고리즘이다. 클러스터의 중심과 각 데이터 사이 거리를 계산해 새로운 클러스터를 설정하는 작업을 반복적으로 수행한다.

k-평균법(k-means, **k-means법**)은 데이터를 세로 방향으로 묶을 때(**클러스터링**) 가장 많이 사용하는 알고리즘이다. 예를 들어 구매 가능성이나 가치관, 기호성 등의 관점에서 고객을 그룹으로 묶을 때 사용한다. 클러스터를 분류하는 명확한 목적 변수는 없지만 비슷한 행동을 하는 고객을 자동적으로 한 그룹으로 묶을 수 있다. 이 기법은 클러스터 수를 임의의 k개로 분류하기 때문에 k-평균법이라 한다.

클러스터를 무작위로 설정하여 각 클러스터의 중심과 데

이터 사이 거리를 계산한 다음 가장 가까운 클러스터에 데이터를 할당한다. 다음으로 각 클러스터에 속한 데이터로 그 클러스터의 중심을 계산하여 이를 새로운 클러스터의 중심으로 삼고 각 데이터를 할당한다. 이 과정을 반복적으로 수행하면 각 데이터를 최적의 클러스터에 할당할 수 있다. 이 기법은 처음에 무작위로 설정되는 클러스터에 따라 정밀도가 달라질 수 있어 보다 발전적인 방법도 개발되고 있다.

k-평균법은 손쉽게 구현할 수 있고 계산도 빨라 누구나 사용할 수 있다는 점이 가장 큰 특징이다. 분류하는 클러스터 수(임의의 k개) 등의 조정이 필요하지만 비교적 손쉽게 대응할 수 있다. 반면 단순히 클러스터의 중심과 데이터 사이 거리를 기준으로 클러스터가 할당되기 때문에 클러스터가 어떤 기준으로 구성되어 있는지 일률적으로 알 수 없다. 클러스터의 의미를 해석하려면 다양한 클러스터 단위로 집계해야 한다.

>> *k*-평균법 <<

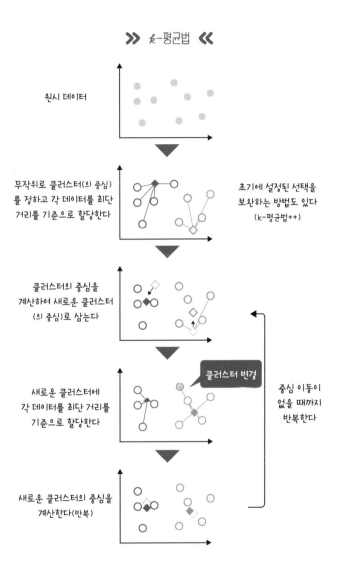

원시 데이터

무작위로 클러스터(의 중심)
를 정하고 각 데이터를 최단
거리를 기준으로 할당한다

초기에 설정된 선택을
보완하는 방법도 있다
(k-평균법++)

클러스터의 중심을
계산하여 새로운 클러스터
(의 중심)로 삼는다

클러스터 변경

새로운 클러스터에
각 데이터를 최단 거리를
기준으로 할당한다

중심 이동이
없을 때까지
반복한다

새로운 클러스터의 중심을
계산한다(반복)

주성분 분석

수많은 변수(요소)에서 새로운 변수(성분)를 추출해 변수를 줄이는 알고리즘을 의미한다. 원시 데이터 특성을 최대한 유지하는 형태로 변수의 수를 줄여 나간다.

k-평균법이 세로 방향으로 데이터를 요약한다면 **주성분 분석**은 가로 방향으로 데이터를 요약하는 알고리즘이다. 이를테면 학교 시험 과목에서 국어·사회·영어를 '문과' 능력, 수학·과학을 '이과' 능력이라 정리하는 방식이다. 이는 국어 점수가 높은 학생은 사회나 영어 점수도 높을 때가 많아 비슷한 경향을 보인다는 결과에 근거한다. 다섯 개의 과목을 문과와 이과라는 두 개의 축으로 간결하게 나타낼 수 있게 된다.

주성분 분석은 수많은 요소를 유사한 관점에 따라 묶어 종합 지표를 새롭게 정의하는 알고리즘이다. 구체적인 계산 방법은 모든 데이터의 분산이 최대가 되는 방향(축)을 찾아 그 축을 제1 주성분으로 정의한다. 제1 주성분과 직교하는 방향으로 분산이 최대가 되는 축을 제2 주성분으로 삼는다. 이 과정을 반복함으로써 세 번째, 네 번째 주성분을 추출한다. 각 주성분은 **기여율**을 계산하여 새로운 주성분이 원시 데이터를 얼마나 설명하는지 나타낼 수 있다.

원래 요소(국어, 수학 등)와 주성분(문과, 이과 등)의 관계는 가중치(**주성분 부하량**)로 표현된다. 원래 요소의 가중치를 보면 주성분의 특징을 이해할 수 있다. 주성분 명칭은 아무렇게나 정하는 것이 아니라 분석자가 국어나 사회와 밀접하게 관련되어 있으므로 '문과'라는 성분이 된다고 해석하는 방식으로 일정한 기준에 따라 결정한다.

» 주성분 분석 «

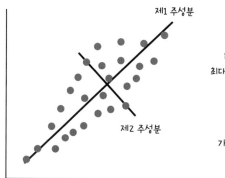

제1 주성분

제2 주성분

데이터의 분산이
최대가 되도록 설정한다

원시 데이터를
가장 많이 반영한다

» 주성분 분석으로 계산되는 주성분 부하량의 예 «

항목	성분1	성분2	성분3
항목 1	0.363	- 0.029	- 0.009
항목 2	0.239	0.011	0.012
항목 3	0.418	- 0.019	- 0.008
항목 4	0.515	- 0.059	- 0.013
항목 5	0.266	0.182	- 0.077
항목 6	0.360	0.023	- 0.014
항목 7	0.112	0.330	- 0.084
항목 8	0.128	0.505	- 0.102
항목 9	- 0.109	0.307	- 0.067
항목 10	- 0.066	0.589	0.052
항목 11	0.016	0.072	0.952
항목 12	0.031	0.211	0.276

베이즈 네트워크

데이터 사이 인과관계를 분석하는 기법을 의미한다. 인과관계의 강도를 조건부 확률 개념으로 판단하여 여러 사건 사이 인과관계를 그림으로 정리한다.

회귀분석은 데이터 사이 관계성을 분석하는 가장 대표적인 기법으로 두 개의 데이터 사이에 얼마나 강한 관계가 있는지를 나타낸다. **베이즈 네트워크**(Bayesian network)는 데이터 사이 인과관계를 어떤 사건이 일어났을 때 다른 사건이 일어날 확률인 **조건부 확률**로 판단한다. **베이즈 정리**를 기본으로 해서 '베이즈 네트워크'라는 이름이 붙었다.

베이즈 네트워크의 결과는 그림으로 출력된다. 각 사건 사이 관계까지 포함하여 네트워크 구성도 형태로 정리된다.

서로 관계가 없는 사건 사이에는 선을 긋지 않고 '사건 1 →
사건 2'처럼 사건 사이에 관계가 있는 방향으로 화살표를
표시한다. 각 사건 사이 관계까지 정리하여 결과(Y)에 대해
각 사건이 어떻게 영향을 미치는지 '시각적으로' 나타난다
는 점이 특징이다.

베이즈 네트워크는 시뮬레이션을 하기 쉽다는 점도 빼놓
을 수 없다. 각 변수의 조건을 임의로 설정하여 결과가 나올
확률을 추정할 수 있다. 각 사건 결과에 미치는 영향의 크기
를 파악하거나 각 사건 사이의 상호작용(두 개의 조건이 갖추
어진 경우의 효과) 등을 추정할 수 있다.

베이즈 네트워크는 의료 및 건강 진단, 기상 예측, 고장 진
단, 마케팅, 추천 시스템 등에 응용된다. 복잡한 사건들이 뒤
얽혀 결과가 출력되는 사건을 모형화할 때 적합하다. 분석
과정이 인간의 의사 결정 과정과 유사해 설문 조사 분석 등
에도 활용된다.

≫ 회귀분석 ≪

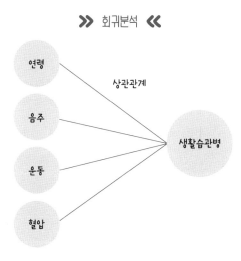

상관관계

≫ 베이즈 네트워크 ≪

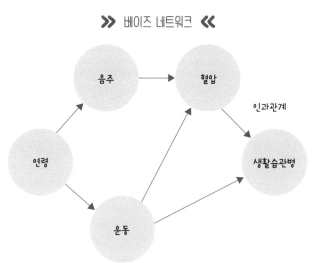

인과관계

시계열 분석

시간순으로 나열된 데이터를 바탕으로 변동 요인을 장기적인 추세 변동, 계절적 변동, 불규칙적 변동 등으로 분해하여 미래의 값을 예측하는 알고리즘을 의미한다.

시계열 분석은 점포의 일 매출, 주가, 기온이나 강수량, 웹 사이트 접속 횟수 같은 시간순으로 나열된 시계열 데이터의 미래 값을 예측하는 분석 기법이다. **회귀분석** 기법의 하나로 현재의 값을 과거 값들에 대한 함수로 표현한다. 일반적인 회귀분석이 목적 변수와 설명 변수의 관계를 구한다면 시계 열 분석은 목적 변수가 되는 현재 값과 과거 값들의 관계를 수식화한다.

시계열 분석의 핵심은 과거 데이터의 파형을 바탕으로 추세, 계절, 불규칙의 세 가지 변동 요인으로 데이터를 분해할 수 있느냐에 있다. 예를 들어 일별 데이터에서는 상하 변동이 있지만 연간 단위로 평균을 냈더니 매년 점차 증가하고 있다면 추세적 변동 요인은 플러스라고 볼 수 있다.

시계열 분석에는 과거 데이터와 현재 값의 관계를 직접적으로 수식으로 나타내는 간단한 것부터 추세적 변동 요인이나 계절적 변동 요인을 개별적으로 분해한 복잡한 것까지 다섯 가지 모형이 있다. 모형의 차이는 현재 값을 과거 데이터로 나타낼 때 적용되는 '수식 형태'에 있다. 수식의 형태를 정의하면 각 수식의 계수는 실제 데이터와 수식 값의 오차가 최소가 되도록 결정할 수 있다(최소 제곱법).

자기회귀누적이동평균(ARIMA) 모형이나 **계절성 자기회귀누적이동평균**(SARIMA) 모형과 같이 변동 요인이 많을수록 정밀도가 높아지지만 그만큼 분석에 필요한 시계열 데이터의 양은 늘어난다. 시계열 데이터 분석은 파이썬 등으로 간단히 구동할 수 있는 라이브러리가 많아 비교적 쉽게 할 수 있다.

≫ 시계열 분석의 분해 요소 ≪

요인	내용
추세적 변동 요인	장기간에 걸쳐 규칙적으로 반복되는 추세
계절적 변동 요인	연간, 월간, 주간 등으로 되풀이되는 경향
불규칙적 변동 요인	돌발적으로 발생하는 특이한 변화나 오차 변동

≫ 시계열 분석 모형 ≪

모형명	원어	용례
자기회귀 모형	AR(Auto Regressive) model	현재의 값은 과거의 값에만 영향을 받는다. 과거의 길이, 시차 등이 핵심이다
이동평균 모형	MA(Moving Average) model	현재의 값은 과거의 값들의 평균값과 과거 오차(실측값과 예측값의 차이)의 영향을 받는다
자기회귀이동평균 모형	ARMA(Auto Regressive Moving Average) model	AR 모형과 MA 모형을 결합한 모형이다
자기회귀누적이동평균 모형	ARIMA(Auto Regressive Integrated Moving Average) model	ARMA 모형에서 추세 요인을 분해한 모형이다. 시계열 데이터의 평균값이 시간에 따라 변화한다
계절성 자기회귀누적이동평균 모형	SRIMA(Seasonal ARIMA) model	ARIMA 모형에 계절적 변동 요인을 적용한 모형이다

프로펫

일별 데이터의 구조를 분석해 미래의 값을 예측하는 알고리즘이다. 페이스북을 운영하는 메타에서 2017년 개발했으며 일별 데이터 예측 분야에서 가장 널리 쓰인다.

프로펫(Prophet)은 페이스북을 운영하는 메타에서 개발한 알고리즘으로 시계열 데이터를 자동으로 구조화한 것이다. 베이즈 통계의 추정 방법을 바탕으로 추세적 변동, 계절적 변동을 분해해 추정한다. 하루 단위로 기록되는 일별 데이터에 적용할 수 있으며, 파이썬의 라이브러리에서 제공되어 누구나 이용할 수 있다.

다음 그림에서 하단 그래프는 프로펫으로 변동 요인을 분해한 사례다. 첫 번째는 장기적 추세로 최근 감소세를 나타내며 앞으로도 그 경향이 이어질 것으로 보인다. 두 번째는 주간 주기성을 분해한 것이다. 월요일은 대체로 수치가 높게 나타내는 경향을 보인다는 사실을 알 수 있다. 세 번째는 연간 주기성을 나타낸다.

프로펫은 단순한 예측 결과뿐 아니라 변동 요인이 분해되어 출력되기 때문에 데이터 사이언스에 밝지 않은 일반인도 쉽게 이해할 수 있다. 공휴일이나 이벤트, 광고비 등 매출에 영향을 미칠 수 있는 요인을 추가하는 것도 가능하다. 과거 데이터를 통해 광고비 투입에 따른 매출 증대 효과 등도 수치화할 수 있다. 다만 매출에 미치는 영향이 밝혀지더라도 미래를 예측할 수 없는 요인이 있다면 매출 예측에 사용할 수 없다. 예를 들어 강우가 매출에 미치는 영향을 수치화할 수 있더라도 미래의 날씨를 예측할 수 없기 때문에 매출 예측에 반영할 수 없다.

≫ 프로펫의 출력 사례 ≪

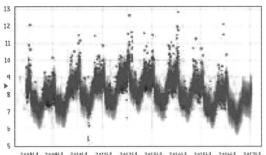

≫ 프로펫을 통한 요인 분석 ≪

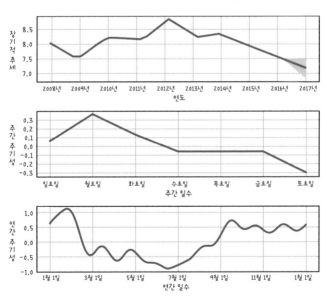

자료: 프로펫 공식 문서(facebook.github.io/prophet/)

자연어 처리

인간이 일상적으로 사용하는 언어를 컴퓨터로 처리하는 기술을 의미한다. 문자 인식, 음성 인식, 자동 요약, 기계 번역 등 다양한 분야에 응용된다.

자연어 처리(natural language processing)는 인간이 사용하는 일상적인 언어를 컴퓨터로 분석하는 기술이다. 문장 분류, 질의응답, 기계 번역 등 언어를 처리하는 분야에서 다양하게 사용되고 있다. 주로 수치 데이터보다는 **텍스트 데이터**를 취급하여 지금까지 소개한 알고리즘과는 성격이 다르다. 특정 분야에서 활용되는 알고리즘이지만 전문성이 높다는 점(특히 일본어)이 특징이다.

자연어 처리는 뉴럴 네트워크를 사용하여 단어 사이 관계를 모형화하는 것이 기본 원리다. 2017년 입력 문자열과 출력 문자열의 대응 관계를 학습시켜 정밀도를 높이는 **트랜스포머**(transformer, 변환기)라는 알고리즘이 등장했다. 2018년에는 트랜스포머를 활용하여 대량의 데이터를 **사전 학습**시켜 범용성을 높이는 **버트**(Bidirectional Encoder Representations from Transformers, BERT)라는 언어 모델이 공개되었다. 이에 따라 사용자가 자신의 데이터를 활용하여 필요한 최소한의 추가 학습(예를 들어 법률과 관련된 문장 등)을 시키면 손쉽게 자연어 처리를 할 수 있게 되었다.

버트는 문장에 들어갈 일부 단어를 예측하는 '빈칸 채우기' 문제를 풀거나 문장을 양방향(시작과 끝)으로 학습하는 등의 사전 학습을 수행했다. 그 결과 문맥까지 이해하는 수준의 문장 분석이 가능해지면서 단어나 문장을 더욱 정밀하게 분류할 수 있게 되었다.

≫ 자연어 처리 흐름 ≪

| 형태소 해석 | 문장을 최소 단위인 형태소로 분할하고
품사 등 정보를 할당한다 |

| 구문 해석 | 분할한 형태소 사이 관련성을 규명하고
문장을 구성하는 어절 사이 관계 구조를 해석한다 |

| 의미 해석 | 사전에서 단어 의미를 조사하여
해석한 구문 가운데 가장 적합한 구문을 뽑는다 |

| 문맥 해석 | 전후 문장을 대상으로 구문 해석과
의미 해석을 수행하여 문장 사이 관계를 규명한 뒤
문맥을 명확히 밝힌다 |

GPT-3

대량의 데이터를 바탕으로 사전 학습을 시킨 거대 언어 모델로 문장 생성과 요약, 질의응답, 기계 번역 등에 활용할 수 있다.

GPT-3는 Generative Pre-trained Transformer 3의 머리글자를 딴 용어로 미국 인공지능연구소 오픈AI(OpenAI)가 2020년 발표한 거대 언어 모델(LLM)이다. **언어 모델**이란 인간이 말하거나 글로 쓰는 언어를 컴퓨터가 이해할 수 있도록 단어 출현 확률에 따라 분류하는 모델을 말한다.

언어 모델은 대량의 텍스트 데이터를 사용해 **사전 학습**한 지식을 바탕으로 주제에 맞추어 특화된 **재학습**(미조정, finetuning)을 함으로써 정밀도를 높인다. 재학습은 데이터를 준비하는 데 상당한 노력이 필요하다는 문제가 있다. GPT-3는 위키피디아 등에서 수집한 방대한 텍스트 데이터를 사용하여 학습함으로써 재학습이 필요 없는 언어 모델로 탄생했다. 1750억 개의 파라미터를 가진 **자기회귀형 언어 모델**(어떤 단어의 다음에 나올 단어를 예측하는 모델)을 학습함으로써 지금까지 없던 거대한 언어 모델이 탄생한 것이다.

GPT-3는 2020년 9월 마이크로소프트가 독점 라이선스를 취득하여 자사의 클라우드 서비스 마이크로소프트 애저(Microsoft Azure)에서 이용할 수 있는 **API**(Application Programming Interface, 응용 프로그램 인터페이스)로 공개했다(이를 이용하려면 신청해야 한다). 문장 생성과 요약, 질의응답, 기계 번역 등에 활용할 수 있다. 구체적으로 기사나 소설을 자동으로 생성하거나, 게임에서 스토리에 맞추어 쌍방향으로 대화를 생성하거나, 이미지를 문장으로 전달하면 애플리케이션 디자인을 생성하는 등의 작업이 이루어지고 있다.

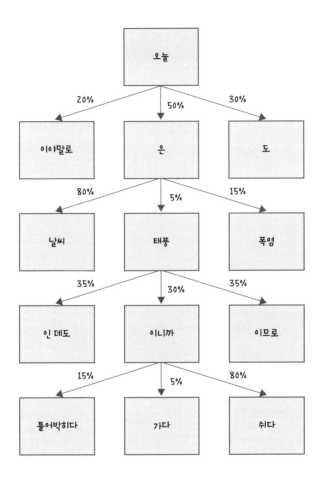

단어 출현 확률에 따라 분류하는 언어 모델

과학습

머신러닝 등에서 규칙성을 발견하는 작업을 할 때 주어진 데이터에만 적응하는 학습을 과도하게 수행해 미지의 데이터에 대해 예측할 수 없는 상태를 의미한다.

머신러닝에서는 학습 데이터를 바탕으로 기계(컴퓨터)가 자동으로 학습을 수행한다. 학습 횟수를 늘리거나 목적 변수를 설명하는 요소를 추가하면 모형의 정밀도를 높일 수 있다. 그런데 학습 데이터에만 적응하는 학습이 과도하게 진행되면 미래의 데이터(설명 변수)에 대해 목적 변수를 추론하는 능력이 떨어질 수 있다. 과거 데이터만을 과도하게 학습해 미래 데이터에 대한 추론 능력이 떨어지는 이러한 상태를 **과학습**(overfitting)이라 한다.

설명 변수 x와 목적 변수 y의 관계를 모형화한다고 가정해 보자. $y = ax + k$라는 수식으로 두 변수의 관계를 충분히 나타낼 수 없다면 설명 변수를 추가하여 $y = ax + bx^2 + k$라는 수식을 통해 모형의 정밀도를 높일 수 있다. 이러한 방식으로 $y = ax + bx^2 + cx^3 + dx^4 + \cdots$를 적용하면 정밀도를 최대로 높일 수 있지만 이는 학습 데이터에 대한 정밀도일 뿐이며 미래 데이터에 대한 추론 능력은 떨어진다.

과학습을 피하는 몇 가지 방법이 있다. 설명하는 쪽의 수식이 복잡해지지 않도록 일종의 규제를 가하여 학습시키는 **정칙화**(regularization)가 가장 대표적인 방법이다. **홀드 아웃 검증**(hold-out validation)은 원시 데이터를 학습용 데이터와 검증용 데이터로 나누어 학습 결과를 평가하는 방법이다. 학습용 데이터에서 오차가 적게 나오는 것뿐 아니라 검증용 데이터의 오차도 적게 나오는 학습 결과를 채택하는 방식이다.

≫ 머신러닝을 통한 학습 ≪

× 표: 실제 데이터
직선·곡선: x와 y 관계를 학습한 결과

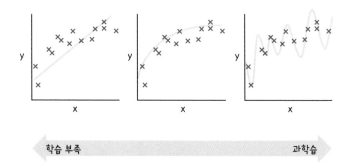

학습 부족 ←————————————————→ 과학습

≫ 홀드 아웃 검증을 통한 과학습 판정 ≪

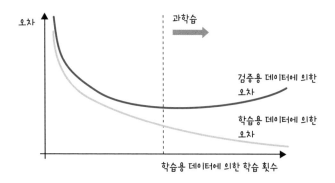

교차 검증

분석 대상이 되는 데이터를 여러 개의 그룹으로 나누어 다양한 데이터 조합으로 학습하고 검증하는 기법을 의미한다. 분할 과정에서 나타나는 데이터 편향으로 발생하는 과학습 위험을 줄일 수 있다.

홀드 아웃 검증처럼 데이터를 학습 데이터와 검증 데이터로 나누어 학습해도 과학습이 발생할 수 있다. 예를 들어 우연한 일치로 학습 데이터와 검증 데이터가 비슷해 두 데이터 모두 정밀도가 높은 모형이 만들어지는 경우다. 주어진 데이터의 정밀도는 높더라도 예측 정밀도는 그렇지 않을 수 있다. 이처럼 데이터 분할로 인한 과학습 위험을 피하고자 복수의 분할 패턴으로 검증하는 방법을 **교차 검증**(cross validation)이라 한다.

예를 들어 모든 데이터를 A·B·C·D의 네 가지로 분할한 후 A·B·C를 학습 데이터로 배정하여 모형을 만들고 나머지 D를 검증 데이터로 사용한다. 다음으로 A·B·D를 학습 데이터로 배정하는 등 서로 다른 데이터 조합으로 학습하고 검증하는 기법이다. 이 사례에서는 데이터를 네 가지로 분할했기 때문에 네 가지 모형이 만들어진다. 네 가지 모형의 정밀도를 평균하여 그 모형의 정밀도로 삼고 모형을 검증한다.

교차 검증은 데이터 분할을 여러 번 실시하여 분할 과정에서 나타나는 데이터 편향의 영향을 줄일 수 있다. k개의 데이터 세트로 분할하기 때문에 'k-분할 교차 검증'이라고도 한다. 정밀도를 측정하는 지표로는 분류 문제라면 정답률·적합률·재현율·F값 등이 있고, 회귀 문제라면 평균 제곱 오차·결정 계수 등이 있다. 목적에 맞는 평가 지표를 선택하는 것이 중요하다.

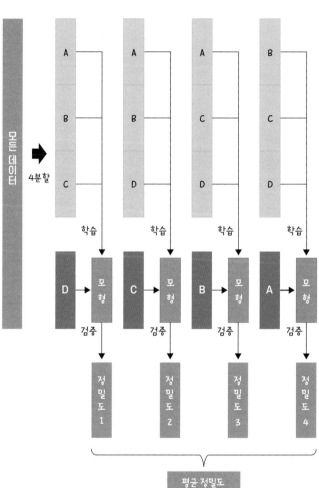

자동 머신러닝

머신러닝을 이용한 데이터 분석에서 이루어지는 다양한 작업 중 일부를 기계가 자동화하는 기술을 의미한다. 정밀도가 높은 알고리즘을 선택하고 하이퍼 파라미터를 설정하는 것이 주된 역할이다.

　　지금까지 머신러닝과 관련된 다양한 알고리즘을 소개했다. 알고리즘이 고도화·전문화되면서 어느 정도 컴퓨터가 기계적으로 판단할 수 있지 않을까 하는 요구가 높아졌다. 그러한 요구에 따라 등장한 기술이 바로 **자동 머신러닝**(Automated Machine Learning, AutoML)이다.

　　머신러닝 알고리즘은 분석하는 데이터와 그 목적에 따라 적용할 수 있는 기법이 달라진다. **하이퍼 파라미터**(hyper parameter)라고 불리는 값을 여러 개 설정해야 하며, 이 설정값에 따라 결과의 정밀도 등이 변화한다. 이러한 조정 과정을 거치려면 데이터 사이언티스트가 고도의 기술과 경험을 갖추어야 한다.

자동 머신러닝이란 머신러닝을 이용한 데이터 분석에서 이루어지는 다양한 작업 중 일부를 컴퓨터가 자동으로 수행하는 기술을 의미한다. 정밀도가 높은 알고리즘을 선택하고 하이퍼 파라미터를 설정하는 것이 주된 역할이다. 고성능 자동 머신러닝 도구로는 여러 개의 머신러닝 알고리즘을 조합하여 더 정확한 모형을 만들어내는 **앙상블 학습** 기능에 대응하는 것이 있다. 기존에 있는 데이터(특징량, 特徵量)를 조합하여 새로운 특징량을 생성하는 기능이나 뉴럴 네트워크 구조를 자동으로 탐색하는 기능을 갖춘 것도 있다. 구글, 아마존, 마이크로소프트 등 많은 기업에서 상용 자동 머신러닝 도구를 제공한다.

≫ 머신러닝 분석 절차와 자동 머신러닝 역할 ≪

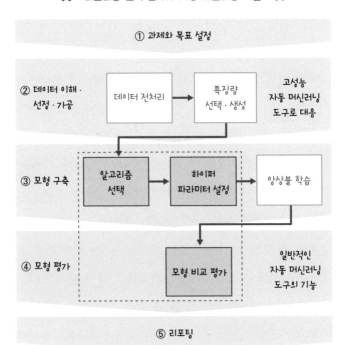

① 과제와 목표 설정

② 데이터 이해 · 선정 · 가공

데이터 전처리 → 특징량 선택 · 생성

고성능 자동 머신러닝 도구로 대응

③ 모형 구축

알고리즘 선택 → 하이퍼 파라미터 설정 → 앙상블 학습

④ 모형 평가

모형 비교 평가

일반적인 자동 머신러닝 도구의 기능

⑤ 리포팅

≫ 주요 자동 머신러닝 도구 ≪

- 버텍스 AI(Vertex AI, 구글)
- 애저 머신러닝(Azure Machine Learning, 마이크로소프트)
- 오토 글루온(AutoGluon, 아마존웹서비스)
- 데이터로봇(DataRobot)
- 오토케라스(AutoKeras, 텍사스에이앤엠대학)

블랙박스 문제

AI나 머신러닝을 활용해 데이터를 분석한 결과, 예측 정밀도는 높지만 출력된 값의 예측 근거나 판단 기준을 알 수 없는 문제를 의미한다.

머신러닝은 입력 데이터와 출력 데이터를 제공하면 자동으로 그 관계를 분석한다. 새로운 입력 데이터를 제공하면 매우 높은 정밀도로 예측값을 출력할 수 있다. 하지만 그 내부 분석 구조를 알 수 없어 '정밀도는 높지만 왜 그러한 예측 결과가 나왔는지 알 수 없는' 문제가 발생한다. 이를 AI의 **블랙박스 문제**라고 한다.

딥러닝 모형은 매우 다층적이고 복잡하게 구성되어 개별적으로 내부 구조를 이해하는 것이 불가능하다. 예를 들어 주어진 사진이 고양이 사진인지 아닌지를 판단하는 문제를 생각해 보자. 예전에는 '수염이 달려 있다', '귀가 뾰족하다' 등의 요소로 분해하여 이를 판단 기준으로 삼는 규칙을 인간이 정했다. 머신러닝에서는 이 규칙을 기계(컴퓨터)가 정하기 때문에 어떤 근거로 판단이 이루어졌는지 알 수 없다. 고양이 사진을 판단하는 문제라면 단순히 정확도가 높은 것이 더 중요할 수 있지만, 의료 진단의 경우 근거는 알 수 없으나 ○○병이라 판단했다고 하면 발언의 신뢰성이 떨어질 수 있다.

최근에는 화이트박스형 AI라고 해서 **설명 가능한 AI**(Explainable AI, XAI)가 주목을 받고 있다. 이 모형은 결과에 이르는 근거, 즉 판단 기준을 명확히 제시하는 것으로 알려져 있다. 정밀도와 설득력을 모두 갖춘 머신러닝 알고리즘이 필요하다.

데이터를 읽는 사람은 언제나 강하다

≫ AI 블랙박스 문제 ≪

블랙박스

화이트박스

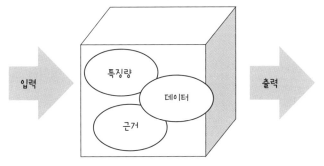

✓ AI · 머신러닝 등으로 구축한 수리 모형은 정확도가 높지만 내부 구조를 알 수 없어 (=블랙박스) 모형의 타당성을 평가하기 어렵다(잘 맞는 점 같은 것)

✓ 그 결과 '바람이 불면 통장수가 돈을 번다'*라는 형태로 수리 모형이 구축되기도 한다

* 어떤 일이 생기면 그 일과 전혀 관계가 없어 보이는 장소나 사물에 영향을 미치는 현상을 비유하는 일본 속담 – 옮긴이

로우코드, 노코드

프로그램 코드를 작성하는 코딩 작업을 하지 않거나 간단한 코딩만으로 데이터 가공·분석·모형 구축 등을 실행하는 방식을 의미한다.

데이터 사이언티스트에게 필요한 능력으로 **데이터 엔지니어링**이 있다. 데이터 분석을 구현하고 운용하는 능력으로 특히 프로그래밍 기술이 요구된다. 예전에는 데이터 사이언티스트가 처음부터 소스 코드를 작성하여 데이터 분석을 진행했다. 그러나 최근에는 파이썬이나 R 같은 프로그래밍 언어가 보급되고 그에 따른 데이터 분석용 라이브러리가 제공되면서 프로그래밍에 대한 부담이 크게 줄었다.

시스템 개발 분야에서는 최소한의 코딩 작업만으로 프로

데이터를 읽는 사람은 언제나 강하다

그램을 개발하는 **로우코드**(low code)나 아예 코딩 작업을 하지 않고 시스템을 개발하는 **노코드**(no code)가 보급되고 있다. 이들을 활용하면 직접 프로그래밍을 하는 것과 비교하여 개발의 자유는 제한되지만 더 효율적으로 시스템을 개발할 수 있다. 이를 위한 도구와 플랫폼도 제공되고 있다.

데이터 사이언스의 세계에도 로우코드, 노코드의 물결이 밀려오고 있다. 데이터 수집, 전처리, 분석 및 학습, 알고리즘 적용, 예측, 출력 등의 과정에 로우코드와 노코드가 도입되고 있다. 코딩이 데이터 사이언스의 걸림돌로 작용하는 예도 많다. 로우코드, 노코드는 데이터 사이언티스트가 갖춘 지식과 노하우를 형식지(문서나 매뉴얼과 같이 형식을 갖추어 외부로 표출되어 여러 사람이 공유할 수 있는 지식 – 옮긴이)로 전환하여 효과적으로 공유할 수 있도록 돕는다. 그 결과 전문 지식과 능력을 갖춘 데이터 사이언티스트뿐 아니라 일반 직원도 기업의 데이터 활용에 관여하는 **데이터 사이언스 민주화**를 도모할 수 있다.

➤➤ 데이터 사이언스 플랫폼 데이터이쿠(Dataiku)의 ◀◀
노코드 데이터 분석

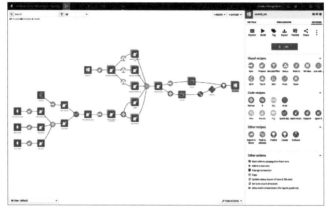

자료: www.dataiku.com/solutions/dataiku-business-experts/

➤➤ 데이터 사이언스 민주화 ◀◀

전문 지식과 능력을 갖춘 데이터 사이언티스트뿐 아니라

일반 직원도 기업 데이터 활용에 관여할 수 있도록 허용하는 것을 의미한다

Column 넓어지는 업무 범위

안타깝게도 '따기만 하면 무조건 데이터 사이언티스트가 될 수 있는' 자격증은 존재하지 않는다. 그러나 정작 데이터 사이언티스트 사이에서는 역량을 강화하기 위해 자격증을 따는 비율이 점점 높아지고 있다. 주된 이유는 데이터 사이언티스트의 업무 범위가 넓어지고 있기 때문이다.

예전에는 데이터 분석 실무가 이른바 통계 소프트웨어를 사용하면 끝낼 수 있는 것이 대부분이었다. 그러나 최근에는 데이터 분석의 전처리 과정으로 분석 가능한 형태로 데이터를 정리하고, 인터넷상에 있는 프로그램(라이브러리)을 이용하기 위해 명령문이나 프로그램을 작성하는 등의 작업이 요구되고 있다. 다시 말해 데이터 사이언티스트가 해야 할 일이 늘었다.

자격증을 따는 일은 데이터 사이언티스트로서 풍부한 역량을 갖추고 있다는 사실을 보여주는 가장 확실한 방법이다.

3장 〉〉〉〉〉 궁금한 그 현상을 어떻게 데이터로 바꿀 것인가

분석 모형 구축

데이터 사이언티스트는 쉬운 해석과 높은 수준의 정밀도가 균형을 이루는 분석 모형을 구축해야 한다.

데이터 사이언티스트의 상징적인 업무로는 데이터 사이언스 모형 만들기를 들 수 있다. 모형이란 본래 복잡한 현상을 수식 등으로 단순하게 표현하거나 구조를 분명하게 밝혀내는 도구를 의미한다. 데이터 사이언티스트가 구축하는 분석 모형은 상품이 '어떤 조건에서 더 많이 팔리는지' 밝히거나 '어떤 마케팅 활동을 하면 매출이 얼마나 늘어나는지' 예측하는 등 구체적인 목적이 있다. 이러한 요인 분석이나 예측을 조직의 요구에 따라 모형으로 제시하는 것이 데이터 사이언티스트의 업무다.

데이터 사이언티스트가 구축하는 분석 모형은 쉬운 해석과 높은 수준의 정밀도가 요구된다. 예를 들어 상품을 구매하는 의사 결정 조건을 나무 모양으로 나타내는 **결정 트리**라는 모형화 기법이 있다. 이 기법은 단순하고 이해하기 쉬워 해석의 용이함 면에서 뛰어나지만 오차가 커서 모형의 정밀도 면에서 개선의 여지가 있다.

이러한 이유로 결정 트리 분석을 여러 차례 반복하는 **랜덤 포레스트**나 예측값과 실적값의 오차를 계산하는 **그래디언트 부스팅** 등을 활용하여 모형의 정밀도를 높인다. 하지만 그렇게 되면 필연적으로 모형이 복잡해지면서 해석의 용이함을 잃게 되는 '트레이드 오프'(trade-off, 하나를 얻으면 다른 것을 희생해야 하는 경제 관계 - 옮긴이)가 발생하게 된다. 데이터 사이언티스트는 쉬운 해석과 높은 수준의 정밀도가 균형을 이루는 모형을 구축해야 한다.

≫ 모형의 '쉬운 해석'과 '높은 정밀도' 관계 ≪

[해석하기 쉬운 모형]

- 이해하기 쉽다
- 납득할 만하다

- 지나치게 단순하다
- 그 외에도 더 있을 같다

트레이드 오프

[정밀도가 높은 모형]

- 지나치게 복잡하다
- 모형 내부(내용)가 보이지 않는다

- 실용적이다
- 포괄적이다

수리 최적화

머신러닝이 높은 수준의 정밀도로 요인을 분석하거나 예측하는 기법이라면 수리 최적화는 그 결과로 시뮬레이션을 실행하여 의사결정을 자동화하는 기법이다.

랜덤 포레스트나 그래디언트 부스팅 같은 **머신러닝** 기법으로 정밀도가 높은 요인 분석이나 예측이 가능하게 되면 이를 이용하여 '어떻게 행동하면 좋은지' 알고 싶어지게 마련이다. 그러나 요인을 분석하고 예측할 수 있다고 해서 곧바로 실제 행동으로 옮길 수 있는 것은 아니다.

예를 들어 슈퍼마켓에서 파는 식품에는 저마다 유통 기한이 있거나, 진열대 수가 한정되는 등 여러 가지 제약 조건이 존재한다. 그러한 제약 조건을 모두 고려해 '언제, 무엇을,

데이터를 읽는 사람은 언제나 강하다

얼마나 팔아야 매출과 이익이 극대화되는지' 현실의 행동
패턴에 대해 시뮬레이션을 실행한다면 생각할 수 있는 패
턴 수가 지나치게 방대해 머신러닝을 활용해도 계산이 쉽지
않다.

　이럴 때 활용할 수 있는 것이 머신러닝을 통해 얻은 예
측값으로 시뮬레이션을 실행하여 의사 결정을 자동화하는
수리 최적화다. 이는 현실의 문제를 목적 함수라는 수식으
로 표현하여 여러 제약 조건을 충족하면서 이익을 극대화
할 목적으로 사용된다. 수리 최적화는 **사물인터넷**(Internet of
Things, IoT)의 확산으로 활용 가능한 데이터가 늘어나고 저
렴한 비용으로 대규모 계산이 가능한 클라우드 환경이 구축
되면서 더욱 주목받고 있다.

머신러닝과 수리 최적화

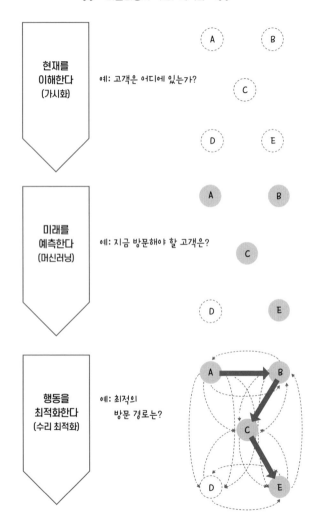

현재를 이해한다
(가시화)

예: 고객은 어디에 있는가?

미래를 예측한다
(머신러닝)

예: 지금 방문해야 할 고객은?

행동을 최적화한다
(수리 최적화)

예: 최적의 방문 경로는?

프로그래밍

데이터 사이언티스트는 프로그래밍으로 데이터 분석에 필요한 환경을 정비하거나 데이터를 가공하거나 머신러닝 모형을 적용한다.

데이터 사이언티스트가 사용하는 통계 소프트웨어나 클라우드 서비스 등의 분석 도구는 프로그래밍 조작이 필요할 때도 있다. 프로그래밍으로 데이터 분석에 필요한 환경을 정비하거나 데이터를 가공하거나 머신러닝 모형을 적용하는 것이다. 여기서는 프로그래밍 언어와 실행 환경 면에서 대표적인 분석 도구인 **파이썬**을 예로 설명한다.

파이썬에서는 데이터 분석의 전처리로서 수치 계산이나 그래프 묘사 같은 분석 작업을 실행할 수 있는 **라이브러리**를 호출한다. 특정 기능을 수행하는 프로그램 모음인 라이브러리를 호출하기 위해서는 짧은 코드(프로그램 명령문)를 작성하고 실행해야 한다. 클라우드 서비스 등으로 데이터를 수집하기 위해 **API**를 조작할 때도 마찬가지로 코드를 작성한다.

데이터 분석 환경이 조성되면 데이터 구조에 미비한 점은 없는지, 누락된 데이터는 없는지 코드를 실행하여 확인한다. 데이터 누락이 확인되었다면 평균값을 대입하는 등 가공을 거쳐 머신러닝 모형을 적용한다.

파이썬 같은 프로그래밍 언어 외에 데이터베이스 관리 시스템(예를 들어 **오라클**)의 데이터 조작 언어(예를 들어 **PL/SQL**)에 관한 지식도 갖추면 유용하다.

≫ 파이썬 프로그래밍 조작 ≪

① 사용하는 라이브러리 호출

```
import requests
import    ○ ○
import    ○ ○
   ...
```

복수로 지정 가능

② 웹상의 API 지정

```
url="http://○ ○/api"
```

③ 파라미터(동작 조건) 지정

```
params={"○ ○" : "○ ○"}
```

④ API에 동작 요구

```
res = requests.get(url, params)
```

⑤ 결과 표시 방법 지정

```
print(res.○ ○)
```

클라우드 활용

데이터 사이언티스트는 수많은 클라우드 서비스 중에서 자신이
참여하는 프로젝트 특성에 맞추어 데이터 분석에 필요한 서비스를
유연하게 활용할 수 있어야 한다.

최근 데이터 분석 프로젝트는 대형 벤더(협력업체)가 제공
하는 클라우드 서비스를 이용하는 방식이 일반화되고 있다.
클라우드 서비스를 활용하면 자체적으로 PC나 서버, 데이
터 분석용 소프트웨어 등을 준비할 필요가 없다. 데이터 용
량 등의 리소스를 '사용한 만큼' 종량제로 요금이 부과되기
때문에 전체 비용도 절감할 수 있다.

예를 들어 구글이 제공하는 클라우드 서비스를 총칭하는
구글 클라우드 플랫폼(Google Cloud Platform, GCP)은 데이터

분석에 필요한 서비스를 충실히 갖추고 있다. 그중에서도 특히 **빅쿼리**(BigQuery)라는 서비스는 데이터 보관과 처리의 제한이 없고, 분산된 중앙처리장치(CPU)나 메모리 같은 리소스로 처리되기 때문에 대규모 데이터를 사용하거나 복잡한 작업 처리를 실행해도 신속하게 결과를 얻을 수 있다.

구글 클라우드 플랫폼뿐 아니라 대부분의 클라우드 서비스는 데이터 분석과 관련된 서비스를 '전방위적으로' 제공하며, 클라우드 서비스 간 데이터 연동도 유연하게 이루어지고 있다. 데이터 사이언티스트는 각 클라우드 서비스의 특성을 파악하여 자신이 참여하는 프로젝트 특성에 맞추어 데이터 분석에 필요한 서비스를 유연하게 활용할 수 있어야 한다.

클라우드를 활용한 분석 환경의 장점

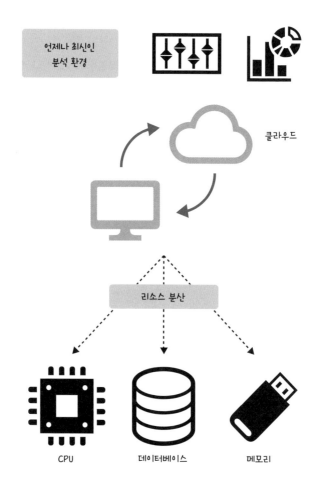

언제나 최신인
분석 환경

클라우드

리소스 분산

CPU

데이터베이스

메모리

구매 데이터 분석

POS 시스템과 포인트 카드가 연동되는 시스템이 등장하면서 연령, 성별 등 고객 속성별 구매 현황을 파악하는 것은 물론 개인의 구매 이력을 시계열로 취득하여 구매 행동을 예측할 수 있게 되었다.

구매 데이터 분석은 편의점 등에서 '어떤 상품이 언제, 어디서, 얼마나 팔렸는지' 기록하는 POS 시스템이 도입되면서 활발하게 이루어지기 시작했다. 이른바 '포인트 카드'(회원 카드)가 보급되면서 상품을 구매한 개인의 속성 정보까지 파악할 수 있는, POS 시스템에 고객 ID가 연동되는 ID-POS로 진화했다.

일본의 대중적인 포인트 카드인 T포인트 카드나 선불카드인 나나코(Nanaco) 등에 사용되는 ID-POS는 연령, 성별,

주소 등의 고객 속성을 통해 상품의 구매 현황을 파악할 수 있을뿐더러 개인의 구매 이력을 시계열로 취득하여 구매 행동 변화도 예측할 수 있다. 이러한 시스템을 활용하면 광고나 할인 같은 마케팅 전략을 어느 시점에 적용할 때 최선의 결과를 얻을 수 있는지 정밀하게 시뮬레이션을 할 수 있다. 그러한 시뮬레이션에 사용되는 기법에 따라, 이를테면 날씨 변화가 에너지 음료 매출에 영향을 미칠 확률 등을 그물망 모양으로 모형화할 수 있다.

데이터 사이언티스트는 모형화한 결과를 살펴보고 정밀도가 낮으면 사건(조건) 사이 인과관계 가설에 오류가 있는지, 관측하지 않은 사건이 있는지, 데이터가 부족하지 않은지 등을 고민해야 한다. 완성된 그래프나 차트 등을 바탕으로 여러 차례 재검토를 시행하여 모형의 정밀도를 높여 나가야 한다.

>> 에너지 음료 구매 확률 분석 <<

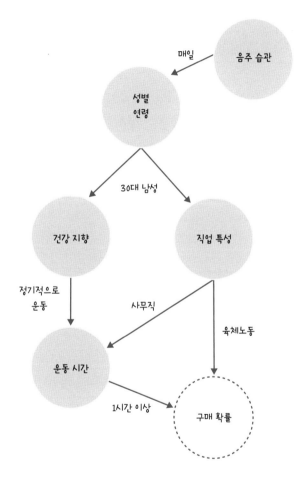

인과관계 분석

데이터 사이언티스트는 상품 구매 등에 영향을 미칠 수 있는 요소를 특정하고 그러한 요소에 대한 편향을 바로잡아 인과관계를 추론한다.

데이터 분석에서 자주 사용되는 검정이나 회귀 같은 기법은 데이터 사이 관계가 얼마나 강한지 그 강도를 수식으로 나타낸다. 그러나 이러한 기법으로 **상관관계**가 있다는 점은 알 수 있지만 **인과관계**가 있는지는 파악하기 어렵다. 예를 들어 어떤 아이스크림 회사가 광고를 내보내면서 아이스크림 구매율이 올랐다고 하자. 이 경우 광고에 접촉했다는 '한 가지 원인'만으로는 상품을 구매했다는 '결과'를 모두 설명할 수 없다. 아이스크림을 싸게 파는 소매점이 많았을 수도

데이터를 읽는 사람은 언제나 강하다

있고, 단순히 기온이 올라가서 아이스크림이 많이 팔렸을 수도 있기 때문이다.

여기서 데이터 사이언티스트가 해야 할 일은 상품 구매에 영향을 미칠 수 있는 요소(남녀 성비 등)를 특정하고 그러한 요소에 대한 편향을 바로잡아 '진정한 인과관계를 추론하는'(인과 추론) 것이다. 이 사례에서는 광고에 접촉한 사람(실험군)과 접촉하지 않은 사람(대조군)을 대상으로 광고 상품을 구매한 비율을 비교하여 광고 효과를 추론할 수 있다. 구체적으로 광고에 접촉한 집단의 상품 구매율 '증가분(차분)'과 접촉하지 않은 집단의 '증가분(차분)'을 산출한 다음 그 '차분(차분의 차분)'을 계산해 광고 효과를 추정한다.

데이터 사이언티스트는 인과관계를 '편향 없이' 파악하는 자세를 갖추어야 한다.

≫ 인과 추론 ≪

남녀 성비 등 편향 보정

광고를 본 집단

광고를 보지 않은 집단

나누어 비교

구매율 UP

구매율 DOWN

텍스트 마이닝

단어 단위로 분해된 텍스트의 출현 빈도나 상관관계 등을 분석해 유익한 정보를 추출하는 기법을 의미한다.

자연어 처리는 일상적인 대화에서 주로 쓰는 '구어'나 신문 기사 등에서 주로 쓰는 '문어' 같은 자연어를 대상으로 그 의미와 구조를 다양한 방법으로 해석하는 기법이다. **텍스트 마이닝**(text mining)은 텍스트화된 데이터에서 유익한 정보를 추출하는 기법을 의미한다. 자연어 처리 기법의 하나로 문장을 **형태소**라는 단어 단위(명사나 동사 같은 품사나 접속사 등)로 분해하고 출현 빈도나 상관관계 등을 분석하여 유익한 정보를 추출한다.

예를 들어 콜센터에서 고객과 상담원이 주고받은 대화 기록이나 홈페이지의 고객 문의 사항은 당시 시장 상황이나 상품에 대한 고객의 생각을 보여준다. 그러한 정보를 통계적으로 분석하고 그래프나 차트로 작성하여 비즈니스 의사 결정에 활용할 수 있다.

텍스트 마이닝에는 일반적으로 텍스트 마이닝 도구라고 불리는 소프트웨어가 사용된다. 데이터 사이언티스트는 이러한 도구를 사용하여 분석을 수행할 뿐 아니라 도구 자체를 개발하거나, 업계 같은 특정 영역에서 사용되는 고유한 용어들을 **사전**으로 만들어 분석의 정밀도와 속도 향상을 도모하기도 한다.

텍스트 마이닝 분석

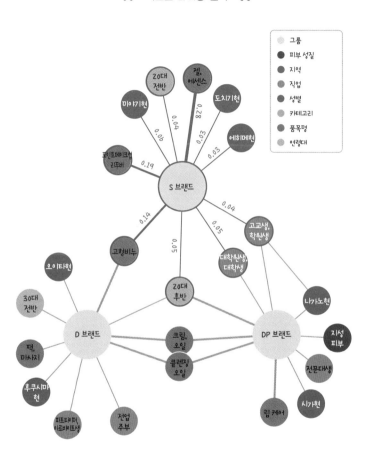

자료: 노무라종합연구소 AI 솔루션 트레이너(TRAINA)

의도 파악

데이터 사이언티스트는 이를테면 고객의 의도를 파악하기 위해 데이터를 수집하고 텍스트 마이닝 도구를 선정하는 작업 등 어떻게 분석할 것인지 구체적으로 계획한다.

　자연어 처리 기술이 발달하면서 유독 이해하기 어렵다고 알려진 일본어의 문장 속 관계(수식어와 피수식어의 관계)를 해석하거나 동음이의어의 의미를 올바르게 파악할 수 있게 되었다. 방대한 텍스트 데이터를 형태소 단위로 분해하여 의미가 같거나 어미가 변형된 단어에서 어간을 추출하는 **스테밍**(stemming) 작업을 하고, 출현 빈도나 동시 출현 빈도 등의 **벡터** 정보를 수집하여 문장 전체에 담긴 의도를 추측할 수 있게 되었다.

예를 들어 야후 같은 포털사이트에서 특정 연령대의 여성들이 미용에 대한 정보를 자주 검색했다고 가정해 보자. 그중에서도 특히 '미백', '흰머리', '눈가' 같은 키워드가 포함된 글을 연속적으로 열람하는 확률이 높다면 그 연령대는 '동성을 의식하는 자녀를 둔 여성'이라는 사실을 특정할 수 있다는 의미다.

데이터 사이언티스트는 이를테면 고객의 의도를 파악하기 위해 어떤 데이터를 수집해야 하는지 가설을 세우고, 실제로 데이터를 수집할 수 있는지, 텍스트 마이닝 도구는 어떤 것을 선정해야 하는지 등 어떻게 분석할 것인지 구체적으로 계획한다.

비정형 데이터(형태와 구조가 복잡하여 정형화되지 않는 데이터로 텍스트, 이미지, 음성 등이 있다 – 옮긴이)라고 불리는 맥락 없는 텍스트 데이터도 적절히 가공해 벡터 정보 등의 수치로 변환하면 비즈니스 의사 결정에 활용할 수 있는 자료가 된다.

≫ 의도 파악 ≪

[일반적인 카테고리]
───────────────────
스포츠, 미용, 패션

열람 이력 분석

[파악한 흥미, 관심]
───────────────────
헤어스타일, 머릿결, 두발, 백발, 흰 피부, 미백, 자외선 대책,
눈가, 눈매, 여드름, 파운데이션, 화장, 코, 입가, 작은 얼굴,
전체 비율, 배, 엉덩이, 다리, 탈모 …

키워드 분석

[드러난 심오한 의도]
───────────────────
건강을 위해, 인기를 얻기 위해, 연인을 위해
남편을 위해, 또래 엄마들 때문에, 자기 자신을 위해

이미지 인식

데이터 사이언티스트는 이미지를 인식하는 데 필요한 패턴화 작업을 수행하기 위해 머신러닝이나 AI에 유용한 특징량을 도출한다.

이미지 인식이란 카메라 등으로 촬영한 이미지에 담긴 사물을 기계(컴퓨터)가 식별할 수 있는 형태로 변환하는 기술을 의미한다. 이미지에서 색상이나 형태 같은 특징을 읽어들이고 패턴화해 판단한다. 예를 들어 사람 얼굴 사진을 회사 출입증으로 사용할 때는 안경이나 모자 같이 매일 변할 수 있는 정보를 제외하고 본인임을 식별할 수 있는 요소를 특정해야 한다. 얼굴 윤곽, 눈과 코 사이 간격 등 본임임을 식별할 수 있는 독자적인 요소를 특정하여 데이터로 변환하는 것이 데이터 사이언티스트가 해야 할 일이다.

데이터에서 무언가를 특정하거나 예측할 수 있는 요소를 **특징량**이라 한다. 쉽게 말하면 분석 대상이 되는 데이터의 특징을 수치로 나타낸 것이다. 머신러닝이나 AI에 유용한 특징량을 도출하는 일을 **특징량 엔지니어링**이라 하는데, 이것도 데이터 사이언티스트의 일이다.

이미지 인식에서 특징량 엔지니어링은 일정한 픽셀(점)의 집합을 특징량으로 파악해 수치로 변환한다. 그런 다음 각각의 픽셀을 색상 정보로 읽어들이고 유사한 색상을 한 덩어리로 식별하는 등의 처리 과정을 거친다. 마지막으로 크기 등의 값도 특징량으로 설정하여 패턴으로 인식한다.

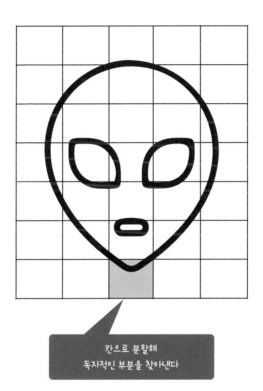

칸으로 분할해
독자적인 부분을 찾아낸다

음성 인식

업무 시스템에 탑재해 손쉽게 이용할 수 있는 음성 인식 엔진이 보급되면서 콜센터 등을 중심으로 고객의 목소리를 분석하는 시스템이 도입되고 있다.

음성 인식이란 인간이 말하는 음성을 해석해 컴퓨터가 이해할 수 있는 정보(텍스트)로 변환하는 기술을 의미한다. 최근 구글이나 마이크로소프트 같은 정보기술 기업에서 업무 시스템에 탑재하여 손쉽게 이용할 수 있는 **음성 인식 엔진**으로 정밀도가 뛰어나고 미조정이 가능한 서비스를 제공하기 시작했다. 이에 데이터 사이언티스트가 음성 인식 자체에 관여할 기회는 줄어들고 있다.

그러나 콜센터 등을 중심으로 수집한 고객의 음성 정보를 분석하여 업무에 활용하는 시도가 활발하게 이루어지고 있다. 예를 들어 텍스트화된 음성 데이터를 자동으로 요약하거나, 통화 중에 거론된 이름이나 주소 같은 키워드를 자동으로 추출한다. 이렇게 수집된 정보는 콜센터의 고객 응대 관리 시스템 등에 연동된다.

데이터 사이언티스트는 자동으로 작성된 요약문과 상담원이 입력한 고객 응대 이력을 비교해 개인차가 없고 중요한 불만 사항이나 요구 사항을 빠짐없이 데이터로 남길 수 있는 분석 방법과 구조를 마련해야 한다. 이러한 정보를 **고객의 소리**(Voice of Customer, **VOC**)라고 하며, 텍스트 마이닝을 거쳐 고객의 더욱 깊은 생각과 의도를 도출할 수 있다.

음성 인식 솔루션

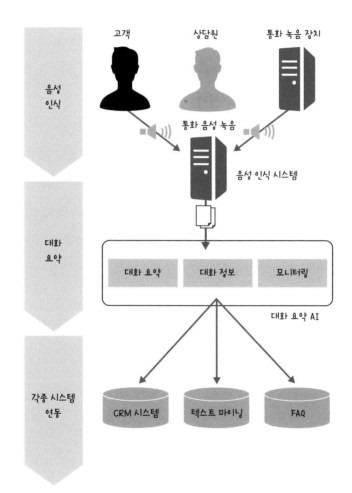

자료: 노무라종합연구소 AI 솔루션 트레이너를 바탕으로 재구성

Column 데이터 사이언티스트의 미래

데이터 사이언티스트가 21세기 가장 매력적인 직업으로 떠오르며 주목을 받고 있는데, 정작 당사자들은 자신들의 직업에 비전이 있다고 생각할까? 일본 데이터사이언티스트협회에서 2021년 실시한 설문 조사 결과, 데이터 분석 업무에 비전이 있다고 생각하는 데이터 사이언티스트 비율이 전년 대비 다소 증가한 것으로 나타났다.

과거에는 데이터 분석을 주된 업무로 삼는 사람들을 '난해한 통계 용어만 입에 담는 성가신 인간들'로 여기곤 했다. 하지만 데

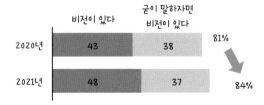

데이터 분석 업무에 비전이 있다고 생각하는
데이터 사이언티스트 비율

자료: 일본 데이터사이언티스트협회

이터 사이언티스트가 유망 직업으로 인지되기 시작한 현재에는 '데이터를 분석하여 어려운 문제를 해결해 줄 것 같은 스마트한 사람들'이라 여길지도 모른다.

시간을 더 거슬러 올라가면 '컨설턴트'라는 직업도 무슨 일을 하는지 몰라 수상쩍게 생각하곤 했다. 하지만 지금은 선구자들의 끊임없는 노력에 힘입어 많은 사람이 동경하는 직업이 되었다. 데이터 사이언티스트도 그렇게 되기를 바란다.

4장 〉〉〉〉〉 현실에서 당장 부딪힌
예상 밖 낯선 상황들

데이터 분석은 전처리가 8할

현실의 데이터 분석에서 완벽한 데이터는 존재하지 않는다. 데이터를 분석할 수 있는 형태로 변환하는 작업을 '전처리'라고 하는데, 데이터 사이언스에서 가장 손이 많이 가는 일이다.

현장에 나가면 데이터에서 **결손값**이나 **이상값**을 제외하느라 엄청난 시간이 소요되었다는 이야기를 종종 듣는다. 결손값은 누락된 데이터를 의미하며, 실제 값이 분명하지 않거나 시스템에 문제가 있거나 인적 오류로 발생한다. 이상값은 데이터 무리에서 비정상적으로 크거나 작은 데이터를 의미하며, 일반적으로 입력 실수 등으로 발생한다.

결손값이나 이상값을 처음부터 제로로 만들 수는 없다. 데이터 분석을 할 때는 결손값이나 이상값이 존재한다고 전제하고 진행해야 한다. 이러한 데이터를 제거하거나, 어떤 값으로 대체하여 원시 데이터를 분석할 수 있는 형태로 변환하는 작업을 **전처리**, 또는 **데이터 클렌징**(data cleansing)이라 한다. 흔히 "데이터 분석은 전처리가 8할"을 차지한다고 한다. 자동화 도구가 많이 개발되어 있지만 대부분 완벽하지 않아 최종적으로 데이터 사이언티스트가 확인해야 하는 투박한 작업이다.

데이터에 결손값이 있으면 평균값이나 중앙값으로 메워야 한다. 이때 어떤 데이터로 결손값을 메우느냐에 따라 분석 결과가 달라지기 때문에 분석 기법에 대한 이해와 전문 지식이 필요하다. 전처리를 위한 작업 시간을 대수롭지 않게 여기거나 데이터 제공자의 "데이터는 완벽하게 갖추어져 있다"라는 말을 곧이곧대로 믿었다가는 데이터 분석을 시작하기도 전에 사흘 밤을 꼬박 새워야 하는 사태를 맞이할 수 있다.

≫ 데이터 전처리 과정 ≪

다양한 형식의 데이터

데이터 이해 — 데이터 정의서나 형식 확인.
실제 데이터 검증

데이터 클렌징 — 결손값, 이상값, 형식 통일 등.
데이터 제거, 치환

데이터 통합 — 복수의 데이터 소스를 통합하여
일관된 데이터 형성

데이터 변환 — 분석 알고리즘에 맞춰 변환.
더미 변수화, 정규화, 집약

분석에 사용할 수 있는 데이터베이스

≫ 데이터 전처리에 손이 많이 간 사례 ≪

- '시간'을 나타내는 변수 형태가 일정하지 않아 하나하나 변수를 탐색하면서 클렌징을 해야 했다

- '지역'을 나타내는 변수에서 '도도부현', '도도부현 2', '지역', '현' 등으로 비슷한 항목이 난립했다. 입력값도 한자와 가나가 뒤섞이고, 지명 끝에 '현'을 붙인 것과 그렇지 않은 것이 혼재되었으며, 도도부현 자리에 '간토·간사이'가 들어가는 등 들쑥날쑥했다

- 온통 결손값뿐이어서 평균값으로 이를 메웠더니 데이터(변수·표본) 사이 차이가 보이지 않아 분석이 제대로 이루어지지 않았다

지난 2년 데이터로 향후 10년을 예측

데이터양이 충분하지 않은데도 데이터 사이언스에 과도한 기대를 품는 사람이 있다. 장기 예측을 하려면 그만큼 장기간의 과거 데이터가 필요하다.

데이터 사이언스로 미래를 예측할 수 있으며 이를 위한 알고리즘도 다수 개발되었다. 다만 이때 분석에 사용할 수 있는 '데이터양'도 중요하다. 예를 들어 점포의 일 매출을 예측하는 사례를 생각해 보자. 데이터를 수집하는 측면에서 보면 2년 치 데이터를 정리하는 것만으로도 상당한 수고가 필요하다. 지난 730일간의 데이터가 있으면 향후 점포 매출이 늘어날지 줄어들지 등 장기적인 추세를 예측할 수 있다.

그러나 시계열 분석에서 소개했듯 일 매출 예측은 요일별

데이터를 읽는 사람은 언제나 강하다

특징이나 계절성 등 주기성을 고려해야 하는데 2년 치 데이터에서 여름과 겨울의 차이를 분석할 수 있는 시점은 단 두 개에 불과하다. 여름의 계절적 특징인지, 단순한 우연인지, 감염증 영향인지 원인을 특정하려면 더 장기간의 데이터가 필요하다.

마찬가지로 데이터양이 적어 데이터 분석이 제대로 이루어지지 않는 사례가 많다. 분석 대상이 되는 특징량(설명 변수)이 200개인데 주어진 데이터는 수백 건에 불과할 수 있다. 이렇게 되면 각 특징량이 목적 변수에 어느 정도 영향을 미치는지 분석할 수 없다. 수백 건에 불과한데도 데이터를 제공하는 사업부에서는 데이터양이 충분하다고 생각할 수도 있다. 데이터 사이언티스트는 필요한 데이터양에 대해 사업부를 확실하게 설득해야 한다.

≫ 2년 치 데이터로는 계절성을 판단하기 어렵다 ≪

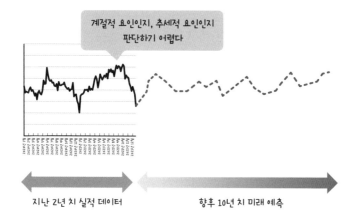

계절적 요인인지, 추세적 요인인지
판단하기 어렵다

지난 2년 치 실적 데이터   향후 10년 치 미래 예측

≫ 데이터 준비가 미비하여 애먹은 사례 ≪

- 수십 건의 실적 데이터를 바탕으로 모형화할 필요성이 제기되어 특징량이나 분석 기법 선정에 대한 고민이 필요했다

- 분석에 사용할 수 있는 기록이 몇백 건에 불과해 제대로 된 모형 학습이 불가능했다

- 데이터의 양과 내용이 부족하다고 사업부서 담당자에게 전달해도 단순히 불평을 늘어놓는다고 여겼다

- 원재료 종류가 200개 정도 되는데, 그 조합으로 제품 특성을 예측하는 모형을 만들어달라는 요구를 받았다. 그런데 실제로 조합하여 실험한 결과 데이터(학습 데이터)가 수백 건에 불과했다

- 모형의 정밀도를 검증하기 위해 다양한 패턴의 데이터를 얻고 싶었지만 고객과의 조율이 이루어지지 않아 데이터를 얻는 데 시간이 걸렸다

머신러닝이라 간단히 처리할 수 있다?

머신러닝이 널리 보급되면서 데이터 사이언스쯤은 간단히 처리할
수 있다는 오해도 적지 않다. 그러나 여전히 시행착오를 겪는 부
분이 많아 시간이 필요하다.

데이터 분석은 시행착오의 연속이다. 처음부터 깔끔하게
가설대로 결과가 나오기보다는 분석하고 수정하는 과정이
반복된다. 그러나 **머신러닝**이라는 말을 들었을 때 구체적인
이해가 없는 사람이라면 으레 기계가 자동으로 학습해 준다
고 오해하기도 한다. 데이터 분석 결과는 손쉽게 나온다고
착각하고 분석 과정에서 시행착오를 겪을 시간을 충분히 확
보하지 않을 때도 있다.

노무라종합연구소의 사내 설문 조사 결과를 보더라도 데

이터 분석 프로젝트에 참여한 사람 중 70% 이상이 '모형에서 시행착오를 겪을 시간이 충분히 확보되어 있지 않다'라고 응답했다. 이는 실제로 데이터 사이언티스트가 직면한 중요한 과제 중 하나다.

현장에서 프로젝트를 하다 보면 당초 예상보다 더 많은 시간이 소요되는 때도 있다. 데이터를 작성하고 추출하는 사람의 문해력 문제, 법률이나 규제 변경에 따른 데이터 이용 제한, 보안에 따른 외부 환경 이용 제약 등의 요인이 작용하여 언제나 같은 조건에서 데이터 분석을 진행하기란 어렵다. 프로젝트마다 조건이 다르다는 점도 감안하여 데이터 분석 시간을 충분히 확보해야 한다.

머신러닝이 널리 보급되면서 데이터 분석에 대한 부담이 줄어든 것도 사실이다. 그러나 여전히 시행착오를 겪는 부분이 많아 시간이 필요하다. 이해관계자에게 이 점을 이해시키는 것도 데이터 사이언티스트의 역할이다.

데이터를 읽는 사람은 언제나 강하다

≫ 모형에서 시행착오를 겪을 시간이 충분하지 않다 ≪

- 39% 자주 있다
- 33% 가끔 있다
- 28% 없다

자료: 노무라종합연구소 사내 설문 조사, 2022년 8월, N=64

≫ 분석 이외의 과정에서 시간이 걸린 사례 ≪

- 데이터 추출 담당자가 문해력이 떨어져 추출을 의뢰할 때마다 상이한 형식으로 제공했다
- 데이터 작성 담당자가 바뀌면 해석이 달라졌다
- 보안 문제로 데이터를 서버에 올릴 수 없어 오프라인 환경에서 분석해야 했는데 라이브러리를 설치하느라 애먹었다
- 정형 데이터*라도 CPU가 필요한데 담당 부서에서 그에 대한 이해도가 낮아 집계하는 데 상당한 시간이 걸렸다
- 마케팅 목적으로 활용 시 고객의 개인 정보를 취급하는 데 제약이 있어 이용할 수 있는 데이터가 제한되었다

* 일정한 구조나 미리 정의된 규칙에 따라 저장되고 출력되는 데이터 – 옮긴이

제한적인 분석 환경과의 싸움

컴퓨터나 클라우드 등의 분석 환경은 비용이나 보안 면에서 제약이 많아 제한된 환경에서 데이터 사이언스 업무를 수행해야 한다.

데이터 사이언티스트가 주목을 받게 된 이유 중 하나로 컴퓨터의 **데이터 처리 능력**이 비약적으로 발전했다는 점을 들 수 있다. 고성능 컴퓨터가 있으면 데이터 처리 면에서 어려움을 겪을 일이 없지만 실제로는 데이터 **분석 환경** 면에서 제약을 받을 수 있다. 데이터 분석 환경의 제약은 크게 두 가지를 들 수 있다.

첫째는 하드웨어 면에서의 제약이다. 컴퓨터 성능, 클라우드 환경 이용 여부 등 분석을 하는 인프라의 제약이 따를 수 있다. 최근에는 고사양 컴퓨터도 저렴한 가격으로 살 수 있지만 데이터양에 따라 몇백만 엔의 투자가 필요할 수 있다. 클라우드 환경을 이용하더라도 많은 비용이 발생할 수 있고, 무엇보다 보안 문제로 이용할 수 없을 때도 있다.

둘째는 소프트웨어나 도구 면에서의 제약이다. 회사 컴퓨터 환경에서는 설치할 수 없는 소프트웨어나 외부 라이브러리가 자주 생긴다. 분석을 의뢰한 상대 회사나 부서에서 사용하는 소프트웨어를 사용해야 할 때도 많다. 익숙한 환경이라면 몇 분이면 끝낼 수 있는 일도 주어진 환경에서는 몇 시간이 걸릴 수 있다. 비용이나 보안 면에서 최적의 분석 환경이 아닐 때도 많아 제한된 환경에서 할 수 있는 범위 내에서 업무를 수행해야 한다.

분석 환경상의 제약에 대한 불만 정도

(데이터 사이언티스트 대상 설문 조사 결과)

데이터 분석 및 해석에 관한 역량 발휘 시 애로 사항이나 불만 사항

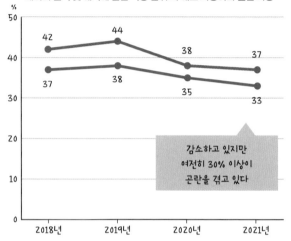

감소하고 있지만 여전히 30% 이상이 곤란을 겪고 있다

● 분석 및 해석 인프라(DB · DWH 등) 설비에 불만이 있다

● 분석 및 해석 도구(통계 해석 소프트웨어 · BI 도구 등) 설비에 불만이 있다

자료: 일본 데이터사이언티스트협회 일반 회원 설문 조사

(2018년 N=380, 2019년 N=394, 2020년 N=599, 2021년 N=563)

* DB: 데이터베이스

* DWH: 데이터 웨어하우스(다양한 데이터를 보존하고 분석하기 위해 정리한 데이터 저장소)

* BI 도구: 비즈니스 인텔리전스 도구(데이터나 분석 결과를 표시하는 도구)

경영자 기대는 정밀도 99%

데이터 사이언스 결과를 최종적으로 보고할 때, 경영진은 분석 담
당자의 예상을 뛰어넘는 높은 수준의 정밀도를 기대할 수 있으므
로 사전에 기대하는 정밀도에 대해 인식을 공유하는 과정이 필요
하다.

데이터 사이언스에 대한 흔한 오해 중 하나는 '완벽하게
적중하는' 결과를 얻을 수 있다고 생각한다는 점이다. 데이
터 분석 실무를 경험하지 않은 사람들이 빅데이터, 머신러
닝 같은 기술을 과대평가하고 이러한 오해를 하는 일이 많
다. 데이터 사이언티스트 사이에서는 예측 정밀도가 높다고
생각해도 막상 경영진에게 보고하면 그들이 기대한 정밀도
와 괴리를 보일 때가 많다.

예를 들어 소매업의 발주 업무에서 데이터 사이언스를 활

용해 70% 정밀도로 수요를 예측할 수 있다면 이는 평균적인 발주 담당자와 비교해 정밀도가 상당히 높다고 할 수 있다. 그러나 '숙련된' 발주 담당자라면 다양한 요인을 고려하여 80~90% 정밀도로 예측할 수도 있을 것이다. 데이터양, 분석 시간 등을 고려하면 현실적으로 숙련자 수준까지 예측 정밀도를 높이기는 쉽지 않다. 그런데도 경영진은 숙련자 수준의 매우 높은 예측 정밀도를 요구하는 일이 일상다반사다.

이 문제를 해결하기 위해서는 데이터 분석 실무자와 경영진 사이 원활한 의사소통이 필요하다. 데이터 사이언티스트는 데이터 사이언스에서 할 수 있는 일과 할 수 없는 일을 명확하게 전달하고, 미래 예측 등의 정밀도에 대해서도 인식을 공유해야 한다. 데이터의 양과 질, 비용, 시간 등에 따라 예측 정밀도가 달라진다는 사실을 알리고, 데이터 사이언스라면 뭐든 할 수 있다는 오해를 바로잡아야 한다.

≫ 데이터 사이언스에 요구하는 정밀도 ≪

매출 예측에 기반한 발주 업무

경험이 부족한
담당자

정밀도 40%

평균적인 담당자

정밀도 60%

숙련된 담당자

정밀도 80%

데이터 사이언스에 요구하는 정밀도 수준은 사람에 따라 달라진다

≫ 경영진이 높은 정밀도를 요구하는 사례 ≪

- 정밀도가 높지 않아도 되지만 80%는 되어야 한다고 말했다
- 기본적으로 분석 내용이 완전히 적중하는 정밀도 100%를 기대했다
- 경험이 풍부한 숙련자 이상의 정밀도를 요구했다
- 정밀도 99% 이상을 요구했지만 사용 가능한 데이터로 할 수 있는 수준은 90%에 불과해 결국 실패했다
- 정밀도를 충분히 높인 결과의 수치를 제시해도 이렇다 할 근거도 없이 더 높여 달라는 요구를 받았다
- 매출 예측에서 비교적 예측하기 쉬운 상품과 점포의 정밀도를 모든 상품에 대한 평균 정밀도로 오인했다

분석 자체가 목적이 된다

데이터 사이언티스트 역할은 단순히 '데이터를 분석하는 일'에 그쳐서는 안 되며 분석 결과를 어떻게 활용할 것인지까지 고민해야 한다.

　조직에서 데이터 사이언스를 활용하는 목적은 데이터 분석 결과로 비즈니스에 이점을 얻는 것이다. 데이터 분석 경연 대회에서는 0.1% 정확도를 높이기 위해 경쟁을 하지만 비즈니스에서 이 수치는 오차나 다름없다. 실무 현장에서는 데이터 분석에 지나치게 빠져들어 분석 자체가 목적이 되지 않도록 주의해야 한다.

　실제로 기업에서는 '딥러닝을 도입하고 싶다'라는 동기만으로 프로젝트가 시작될 때가 있다. 분석 기법의 타당성이나 정밀도를 무시하고, 대외적으로 AI를 사용하고 있다는 사실을 알리기 위해 프로젝트를 진행하기도 한다. 이는 수단이 목적이 되었으니 그야말로 본말전도다. AI나 머신러닝을 도입한다고 모든 문제가 해결되는 것은 아니다.

그런가 하면 자신이 분석하고 싶은 기법을 사용하고, 다른 사람에게 충분한 설명을 하지 않는 데이터 사이언티스트도 있다. "내가 알아서 잘 분석했으니 잠자코 결과를 믿어라"라는 식이다. 이러한 태도로는 제아무리 분석 정밀도가 높아도 조직을 움직일 수 없다. 데이터 사이언스에 대한 이해가 없는 사람에게도 분석 결과를 알기 쉽게 설명할 수 있어야 한다. 바꿔 말하면 타인에게 설명할 수 없는 기법은 도입하지 않는 편이 낫다.

거듭 말하지만 '데이터를 분석하는 것'이 아니라 '분석한 결과를 활용하는 것'이 목적이다. 분석 결과를 사용하는 사람의 입장에서 의사소통이 이루어져야 한다.

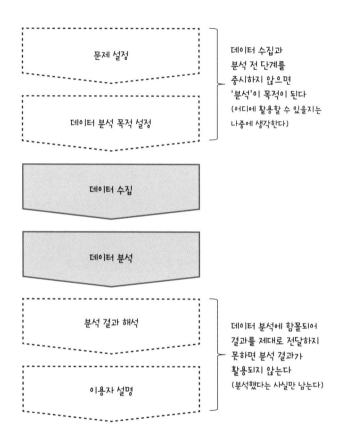

>> 데이터 분석 절차 <<

문제 설정

데이터 분석 목적 설정

데이터 수집과
분석 전 단계를
중시하지 않으면
'분석'이 목적이 된다
(어디에 활용할 수 있을지는
나중에 생각한다)

데이터 수집

데이터 분석

분석 결과 해석

이용자 설명

데이터 분석에 함몰되어
결과를 제대로 전달하지
못하면 분석 결과가
활용되지 않는다
(분석했다는 사실만 남는다)

담당자 직감과 어긋난다고?

현장 부서에서 자신들의 직감과 맞아떨어지는 분석 결과를 요구하는 일이 잦다. 그들의 직감과 어긋나는 결과가 나올 때 분석 결과의 타당성을 설명하는 일도 데이터 사이언티스트의 역할이다.

데이터 사이언티스트가 분석한 결과가 분석을 의뢰한 현장에서 활용되지 않는 가장 큰 이유는 상대의 **직감과 어긋나기** 때문이다. 현장 부서에서는 담당자의 경험이나 감에 의존하던 업무를 데이터로 모형화해 주기를 바란다. 그 모형을 사용해 누구나 정확도가 높은 판단을 내리고 싶어 한다. 이러한 이유로 현장 부서의 담당자 직감과 어긋나는 모형은 불신하고 활용하지 않는 사례가 잦다.

예를 들어 아이스크림 매출 예측 모형에서 매출에 가장

큰 영향을 미치는 요인은 '기온이 섭씨 28도 이상일 때'라는 분석은 현장 부서 담당자의 직감과 맞아떨어질 것이다. 다음으로 영향을 미치는 요인은 '기온이 섭씨 20도 이상이고 습도가 높을 때'라는 분석이 나왔다고 하자. 현장 부서 담당자에게 습도가 아이스크림 매출에 영향을 미친다는 경험적 지식이 없다면 이는 '직감과 어긋나는' 예측이 된다. 그 결과 데이터 사이언티스트 입장에서는 새로운 발견일지라도 현장 부서에서는 신뢰할 수 없다는 평가를 내리게 된다.

'직감이 틀렸다'라고 말할 수 있지만 그렇게 되면 데이터 사이언스가 현장에 파고들 수 없다. 그렇다고 현장 부서 담당자의 직감과 맞아떨어지는 모형으로 변경한다면 데이터 사이언스를 이용하는 의미가 없다. 이럴 때 현장 부서에서 느끼는 직감의 근거를 묻고 모형의 타당성을 설명하는 일도 데이터 사이언티스트에게 요구되는 역할이다. 데이터 사이언티스트는 구체적인 사례 등을 활용하여 현장 부서 담당자의 직감과 어긋나는 결과가 나온 사실에 대해 이해를 구해야 한다.

데이터를 읽는 사람은 언제나 강하다

≫ 담당자 직감과 어긋나는 분석 결과는 폐기된다 ≪

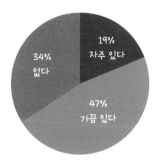

19%
자주 있다

34%
없다

47%
가끔 있다

자료: 노무라종합연구소 사내 설문 조사, 2022년 8월, N=64

≫ 분석 결과가 담당자 직감과 어긋나는 사례 ≪

- 현장 부서 담당자의 직감과 어긋나는 분석 결과가 나와 왜 그러한 결과가 나왔는지 설명했는데 납득하지 못해 결국 유효한 설명 변수를 제외했다

- 현장 부서 담당자의 직감과 맞아떨어지는 결과가 나올 때까지 모형을 새로 구축해야 했다. 그럴 바에는 차라리 매사 직감으로 처리하는 게 낫겠다는 생각이 들었다

- 설명 변수 변화가 목적 변수(결과)에 미치는 작용에 대해 현장 부서에서 경험으로 얻은 지식을 뒤집는 결과가 허용되지 않아 머신러닝이 아니라 간단한 선형 회귀 등의 방법밖에 사용할 수 없었다

- 디지털 전환(DX) 부서에서 애써 모형을 만들어도 현장 부서에서는 전혀 사용할 생각이 없었다

비용 대비 효과가 떨어진다?

데이터 사이언스를 활용하면 분명 업무 효율화 같은 경제적 효과
를 얻을 수 있다. 하지만 데이터 수집과 분석에 드는 비용에 부합
하는 효과를 얻을 수 있는지 사전에 검토해야 한다.

데이터 사이언스를 활용하면 대부분 경제적 효과를 얻을
수 있다. 그러나 데이터 사이언스에 들어가는 비용이 얻을
수 있는 경제적 효과보다 클 때도 있으므로 항상 **비용 대비
효과**에 대한 검토가 필요하다.

디지털 마케팅에서는 자사 웹사이트 방문자 중 회원 가입
을 하거나 서비스를 이용한 사람 비율을 의미하는 '전환율
(conversion rate)' 향상을 목표로 전략을 검토한다. 웹사이트
열람 이력이나 광고 접촉 여부 등 대량의 데이터를 분석하

데이터를 읽는 사람은 언제나 강하다

여 전환율을 높일 대책을 마련한다. 하지만 단순히 전환율을 높이는 데만 치중하다 보면 전환율 몇 %를 개선하기 위해 데이터 수집 등에 막대한 시간과 비용을 들이는 우를 범하기도 한다. 매출 향상 같은 더 본질적인 효과도 함께 고려해 데이터 사이언스의 주제를 선정할 필요가 있다.

특히 데이터 수집에 드는 비용은 프로젝트 전체 비용에서 높은 비중을 차지한다. 외부의 유료 데이터 수집은 모형의 정밀도 향상을 위해 꼭 필요하지만 데이터양에 비례해 막대한 비용이 든다. 과거의 데이터만 있으면 모든 분석이 가능한 것도 아니다. 미래 예측을 위해서는 계속 데이터를 수집해야 하므로 향후에도 비용이 발생한다는 사실을 인지해야 한다. 데이터 사이언티스트라면 모형의 정밀도를 높이는 것은 물론 비용 대비 효과도 고려해야 한다.

≫ 데이터 사이언스의 비용 대비 불확실한 효과 ≪

비용

- 인건비
- 인프라 환경
- 자사 데이터 정비
- 외부 데이터 구입

효과
(직접적 효과)

- 업무 효율화
- 고객 확대
- 객단가 향상 등

유지·보수·관리나 미래 예측 때문에 계속 비용이 든다

경제적 효과
(이익 공헌)

≫ 모형 성능 향상에 많은 비용이 소요된 사례 ≪

- 전환율 개선을 목적으로 분석을 의뢰받았지만 몇 % 개선해도 매출에 이렇다 할 영향을 주지 못해 비용 대비 효과가 크지 않았다

- 데이터 수집에 수백만 엔을 들였는데 국소적인 효과는 있어도 전체적으로는 공헌도가 낮은 데이터도 많았다

- POS 데이터는 세분화되어 있어 데이터 분석에 활용하기 쉽고 정확도가 높지만 고객 데이터와 연동되지 않아 많은 비용을 들여 수집한 데이터를 제대로 활용할 수 없었다

- 데이터 수집 비용과 분석 결과는 비례하지 않으며, 의외로 간단한 데이터를 수집해 해결할 수 있는 문제도 있다

본보기가 될 만한 선배가 없다?

데이터 사이언티스트의 역사가 짧은 탓에 젊은 시절부터 이 일을 계속해 온 사람이 없어서 경력 경로(career path)를 그리는 데 어려움이 따를 수 있다.

데이터 사이언티스트는 역사가 짧은 직종이다. 전문 학부를 개설하는 대학이 증가하고 졸업 후 곧바로 데이터 사이언티스트로 일하는 사람도 늘어나고 있지만 아직까지 데이터 사이언티스트 수는 많지 않다. 데이터 사이언티스트 중에는 나이 많은 사람도 있지만 젊은 시절부터 데이터 사이언티스트 업무를 계속해 온 사람보다는 사내 인사이동, 보직 변경, 이직 등으로 중도에 데이터 사이언티스트가 된 사람이 더 많다. 지금 50대가 사회에 첫발을 내디뎠던 무렵에는 데이터 사이언티스트라는 말도 없었으니 이는 당연한 일이다.

사정이 이렇다 보니 앞으로 데이터 사이언티스트로서의 **경력 경로**에 대해 불안해하는 사람이 많다. "사내에 본보기가 될 만한 사람이 없다." "현재 담당하는 데이터 사이언스 업무에는 만족하지만 향후에도 분석 업무를 계속할지, 데이터 사이언티스트로서 관리직은 어떠할지, 40~50대에는 어떤 업무를 수행할지 불안하다."

일본 데이터사이언티스트협회 설문 조사에서도 기술 향상을 고려할 때 곤란한 문제로 "주변에 본보기가 되거나 분석을 가르쳐 줄 만한 사람이 없다"라고 응답한 데이터 사이언티스트 비율이 60%를 넘는다. 이는 "기술 향상을 위한 시간이 없다" 같은 불안과 비교해 높은 응답률로 향후 큰 과제라고 할 수 있다.

데이터 분석 및 해석에 관한 역량 향상을 모색할 때 애로 사항

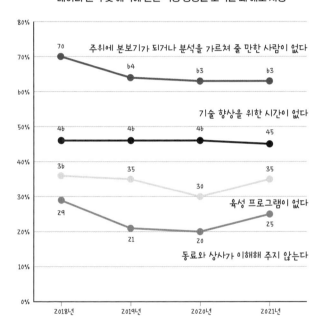

주위에 본보기가 되거나 분석을 가르쳐 줄 만한 사람이 없다

기술 향상을 위한 시간이 없다

육성 프로그램이 없다

동료와 상사가 이해해 주지 않는다

자료: 일본 데이터사이언티스트협회 일반 회원 설문 조사

(2018년 N=346, 2019년 N=378, 2020년 N=576, 2021년 N=519)

데이터 분석만 할 뿐이다?

데이터 사이언스 업무를 경험한 적이 없는 사람은 업무 흐름을 제대로 이해하지 못한 나머지 결과만 보고 데이터 사이언티스트는 '데이터 분석만 한다'라고 오해하기 쉽다.

비즈니스 현장에서 데이터 사이언티스트는 '데이터 분석만 한다'라는 오해를 사는 일이 일상다반사다. 실제로 데이터 분석 업무를 담당한 적이 없는 사람들이 이러한 평가를 하는 일이 많다. 사실 기업에서 데이터 분석만을 목표로 진행되는 프로젝트는 드물다. 신규 사업 개발, 매출 확대, 업무 효율화 등 큰 비즈니스 목표 안에 데이터 분석이 하나의 과업으로 자리한다. 프로젝트 전체로 보면 데이터 사이언스 업무는 비즈니스 목표의 일부분에 해당한다.

데이터 사이언스 업무 중 가장 많은 시간이 소요되는 작업은 **전처리**라고 불리는 부분이다. 프로젝트 리더 입장에서 보면 소소한 작업에 많은 시간이 소요되고 성과가 잘 나오지 않는다고 오해하기 쉽다.

그나마 분석 결과에 비즈니스 측면에서 주목할 만한 사실이 포함되어 있다면 작업을 인정받을 수 있지만, 몇 개월 동안 분석해서 정밀도가 약간 오르거나 업무 효율성이 조금 개선되는 데 그쳤다면 좋은 평가를 얻지 못하게 된다. 실제로는 수집할 수 있는 데이터 제약 때문에 분석 결과가 저조한데도 분석 과정까지 평가해 주는 일은 극히 드물다. 그 결과 데이터 사이언티스트는 '데이터 분석만 한다'라는 평가를 받게 된다.

최근 들어 비즈니스 성공 사례가 알려지고 머신러닝의 본질을 이해하는 사람이 늘면서 데이터 사이언티스트에 대한 평가도 달라지고 있다. 데이터 사이언티스트에 대한 평가는 과도기에 있다.

사내 평가 괴리

데이터 사이언스는 프로젝트 전체에서 보면 극히 일부분을 차지하는 작업으로 데이터 분석만 할 뿐이다

데이터 정비에 시간이 걸리고 좀처럼 성과가 나오지 않는다

기계가 자동으로 분석할 수 있는데 재깍재깍 처리해 주지 않는다

사내 평가

사내 데이터 정비가 충분하지 않아 분석할 수 있는 환경을 조성할 때까지 상당한 시간이 걸린다

정밀도가 높은 모형을 만들기 위해서는 손발이 고생하며 시행착오를 거쳐야 한다

데이터 분석 결과가 정밀도 몇 % 향상하는 데 그치더라도 장기적으로 이점을 가져다줄 수 있다

데이터 사이언티스트

Column 수식의 아름다움

수학이나 화학이라면 진저리를 치는 사람은 믿기지 않겠지만 비즈니스 세계에는 수식이나 화학식을 '아름답다'라고 표현하는 사람들이 있다. 그러한 사람 중 상당수가 데이터 사이언티스트다. 그들은 수식이나 화학식의 무엇을 두고 '아름답다'라고 표현하는 것일까?

물론 그림이나 조각 같은 예술 작품은 그림 속 사람이나 사물 배치가 절묘하게 균형을 이루고 더없이 조화로워 보인다. 거기에는 다음과 같은 '황금비율'이 존재한다.

$$1 \ : \ \frac{1 + \sqrt{5}}{2}$$

대표적인 예로 레오나르도 다빈치의 〈모나리자〉나 고대 그리스의 조각상 〈밀로의 비너스〉는 구도 속에 황금비율을 담고 있다고 알려졌다.

특별한 의도 없이 만들어진 물건이나 맥락 없는 행동에도 어떤 규칙성이 있다. 그것을 간결한 공식으로 표현하는 것도 넓은 의미에서 '예술(art)'이라 할 수 있다. 수식이나 화학식을 '아름답다'라고 표현하는 사람들 역시 그 안에서 어떤 아름다움을 발견했을지도 모른다.

데이터 분석업에 종사하면서 통계 공식이나 머신러닝 모형이 '아름답게' 보인다면 데이터 사이언티스트를 자처할 시기가 왔다는 신호일 수 있다.

5장 〉〉〉〉〉 어쩌다 보니 데이터 사이언티스트가 된 사람들

데이터 사이언티스트의 경력 이야기

일본 데이터사이언티스트협회의 설문 조사 결과에 따르면 적극적으로 도전한 이들부터 마지못해하게 된 이들까지 데이터 사이언티스트를 목표로 삼은 이유는 다양했다.

일본 데이터사이언티스트협회에서 현직 데이터 사이언티스트의 경력 계획을 조사한 결과, 처음부터 적극적으로 데이터 사이언티스트가 되고자 했던 응답자 비율은 56.5%를 차지했다. 이는 데이터 사이언티스트의 약 60%가 처음부터 데이터 사이언티스트가 되고자 했고, 현재도 데이터 사이언티스트로 일하고 있다는 의미다.

나머지 약 40%는 처음부터 데이터 사이언티스트가 되고자 했던 것은 아니었다. 구체적으로 살펴보면 데이터 사이언티스트에 관심이 없었던 응답자 비율이 19.8%, 어느 쪽도 아니었다는 응답자 비율이 23.8%를 차지해 마지못해 데이터 사이언티스트가 된 사람보다 어쩌다 보니 데이터 사이언티스트가 된 사람이 더 많았다.

적극적으로 데이터 사이언티스트가 되고자 했던 사람들이 밝힌 구체적인 이유는 다음과 같다.

- 데이터 사이언스 학부를 졸업해 그 기술을 활용하고 싶어서
- 대학원에서 연구한 머신러닝 지식과 식견을 활용할 수 있는 직업일 것 같아서
- 학부 시절부터 금융공학과 통계학을 공부했고, 그 연장선상에서 데이터를 다루게 되어서
- 영업직으로 일하고 있지만 데이터 분석이 앞으로 유망한 직종이 될 것 같아서

한편 마지못해 데이터 사이언티스트가 된 사람들이 밝힌 구체적인 이유는 다음과 같다.

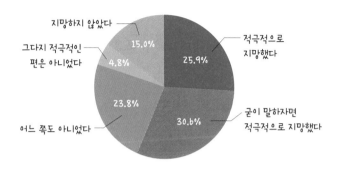

자료: 일본 데이터사이언티스트협회 일반 회원 대상 설문 조사, 2021년 12월, N=147

- 사내에 축적된 데이터를 바탕으로 새로운 사업을 시작하는 부서에 배속되어서
- 연구개발 주제를 발전시키는 데 데이터 사이언스의 힘이 중요해져서
- 업무를 진행하면서 데이터의 상세한 분석이 필요해져서

이번 장에서는 실화를 바탕으로 일곱 명의 현직자가 데이터 사이언티스트가 되기까지 과정을 담은 짧은 이야기를 소개한다.

심리상담사가 되기 위해 심리학을 전공하고 대학원에 진학한 히가시야마 다에코. 심리상담사나 연구자가 되는 것이 당연한 연구실에서 의외의 진로를 선택한 선배가 있었다.

"이렇게 한 사람씩 도와줄 수밖에 없는 걸까….."

히가시야마 다에코는 상담실을 떠나는 내담자의 뒷모습을 바라보며 이렇게 중얼거렸다.

히가시야마는 심리상담사가 되기 위해 심리학을 전공했고, 심리상담사 수험 자격을 얻기 위해 대학원에 진학했다. 대학원에서는 실습 삼아 실제로 심리 상담도 여러 차례 진행했다.

그는 마음에 문제가 있는 내담자의 이야기를 듣고 그 사람이 어떤 사람인지 프로파일링하며 스스로 문제를 극복할 수 있도록 도와주는 일에 커다란 보람을 느꼈다. 한편으로 고민이나 마음의 상처 같은 '부정적인 측면'에만 심리학을 활용할 수 있고, 막대한 시간을 들여 '한 사람 한 사람' 내담자의 삶을 깊숙이 파고들어야 하는 상황에서 느끼는 회의감은 날이 갈수록 커졌다.

***

"마케팅 리서치 회사에 취직했대."

연구실 동기들이 모인 자리에서 한 선배의 진로가 화제가 되었다. 심리상담사나 연구자가 되는 사람이 대부분인 이 연구실에서는 매우 이례적인 일이었다.

처음에는 마케팅과 심리학이 어떻게 연관되는지 이해되지 않았지만 특정 상품이나 서비스의 잠재적 수요를 파악하기 위해 설문 조사를 설계하고 분석하는 것이 주된 업무라는 이야기를 듣고 고개가 끄덕여졌다.

"말하자면 소비자를 프로파일링하는 거로군요."

히가시야마는 논문을 쓰기 위해 직접 설문 조사를 설계하고, 향후 추세를 예측하기 위해 회귀분석을 하며, 의사 결정 절차를 설명하기 위해 공분산 구조를 분석했다. 그런 일은 그에게 일상이나 다름없었다. 히가시야마는 가슴이 두근거리기 시작했다.

***

히가시야마는 마케팅 리서치 회사가 아니라 컨설팅 회사에 취직했다. 컨설팅 회사는 단순히 의뢰받은 조사를 수행하는 것에서 그치지 않고 기업 경영을 지원할 수 있다는 점에 매력을 느꼈기 때문이다.

히가시야마는 일상적인 대화 속에서 고객이 잠재적으로 '알고 싶어 하는 것'을 끌어내고 이를 밝혀내기 위한 소비자 설문 조사를 자신의 강점으로 삼고 있다. 거기에는 상담과 설문 조사의 경험이 녹아 있다.

대표적인 업무인 수요 예측은 탄산음료부터 자동차까지 광범위한 상품과 서비스를 대상으로 한다. 상담과 마찬가지로 사람을 프로파일링한다는 사실에는 변함이 없다. 여기에 수요 요인으로 지목되는 방대한 데이터 항목이 더해진다. 특정 차종 때문에 모든 지방의 언덕길 데이터를 수집한 적도 있다.

데이터를 읽는 사람은 언제나 강하다

"인과관계가 있는 것은 어느 항목일까?"

"얼핏 영향을 미치는 것처럼 보이지만 사실은 관계가 없는 인자는 무엇일까?"

학창 시절에는 데이터 분석에 통계 소프트웨어만 사용했지만 최근에는 파이썬을 이용한 머신러닝도 무기로 활용한다.

유미오카 미사키는 대학에서 저명한 교수에게 마케팅을 배운 후 대형 마케팅 리서치 회사에 취직했다. 신입 사원 연수를 마치고 배치된 부서는 총무부였다. 이럴 리가 없는데 … ?

유미오카 미사키는 인사 발령을 받은 직후 인사부장의 말이 귀에 들어오지 않았다. 그는 마케팅의 대가로 불리는 대학 교수에게 마케팅을 사사했고, 졸업 후에는 일본 최대 마케팅 리서치 회사에 취직했다. 1년여에 걸친 신입 사원 연수를 마치고 배치된 부서는 뜻밖에도 사내 사무 전반을 담당하는 '총무부'였다.

부서 배치 후 사내 서비스 스태프로 일하는 나날은 눈 깜짝할 사이에 지나갔다. "백 오피스는 어디에 있는 거죠?"라고 질문했다가 망신을 당하기도 했다. 업무는 임원 회의 운영부터 사무실 비품 관리까지 광범위했다.

총무부는 사내 모든 부서와 어떤 식으로든 연결되어 자연스럽게 사내 인맥이 넓어졌고, 회사의 의사 결정 절차나 각 부서의 역학 관계 등 조직 전반을 조망할 수 있었다. 순식간에 5년의 세월이 흘렀고, 어느 날 유미오카는 마케팅 조사원으로 발령을 받았다.

***

5년 만에 본 마케팅 리서치 현장은 마치 유미오카 혼자 용궁에서 놀다 왔나 싶을 만큼 확 바뀌어 있었다. 대학에서나 신입 사원 연수에서는 컴퓨터에 설치된 SPSS(Statistical Package for the Social Sciences, 사회과학용 통계 패키지)나 SAS (Statistical Analysis System, 통계 분석 시스템) 같은 통계 소프트웨어로 대다수 문제가 해결되었다. 그러나 지금은 이를 능가하는 고성능 소프트웨어와 라이브러리를 무료로 이용할 수 있고, 클라우드상에서 대규모 데이터 분석을 놀랄 만큼 빠르게 끝낼 수도 있다.

***

유미오카는 현장에서 맡은 첫 프로젝트에서 큰 벽에 부딪쳤다. 팀원이 머신러닝으로 탄산음료 매출을 예측하는 정밀도가 높은 모형을 구축했지만, 클라이언트 측에서 프로젝트 팀의 설명을 받아들이지 못하고 납품을 거부한 것이다.

일반적으로 머신러닝은 예측 등의 정밀도가 문제지 분석 기법이나 절차의 타당성을 문제 삼는 일은 드물다. 양쪽 담당자 선에서 이야기해서는 결론이 나지 않으리라 생각한 유미오카는 클라이언트의 조직 체계와 의사 결정 절차를 독자적으로 조사했다. 어느 조직이든 돈줄을 쥐고 있는 핵심 인사가 있고, 돈줄을 풀려면 무엇보다 '설명 방식'이 중요하기 때문이다.

***

유미오카는 클라이언트 측 핵심 인물인 재무부장과 마주 앉았다. 머신러닝으로 산출한 정밀도가 높은 '결과'가 아니라 자신들이 그 기법을 선택한 '이유'와 분석 절차를 정중히 설명했다. 현장에 배치된 지 얼마 되지 않을 무렵, 자신의

데이터를 읽는 사람은 언제나 강하다

엉뚱한 질문에 성실하고 정중하게 대답해 준 동료들처럼.

'그래, 데이터 사이언티스트의 말을 번역하는 데이터 사이언티스트가 되자.'

유미오카는 새로운 업무 방식을 발견했다.

짧은 이야기③ 수비와 공격의 텍스트 마이닝

대학에서 법을 전공한 하루모토 미키야는 본격적인 취업 활동을 앞두고 마케팅에 관심을 갖게 되었다. 그 후 연구를 통해 발견한 사실이 그의 삶을 바꾸는데….

대학에서 법을 전공한 하루모토 미키야는 취업 활동을 앞두고 어느 날 불현듯 마케팅에 대한 흥미가 생겼다. 법이 사회 전체의 교통정리 같은 '수비'의 도구라면 마케팅은 새로운 상품이나 서비스를 출시하는 '공격'의 방법론이라는 생각에 이르렀기 때문이다. 큰 깨달음을 얻은 하루모토는 마케팅을 공부하기 위해 대학원에 진학하기로 결심했다.

데이터를 읽는 사람은 언제나 강하다

***

에어컨이나 텔레비전 등 수명이 긴 전자제품은 고객이 제품을 사용하는 동안 고객센터에 전화했을 때 호감을 느낄수록 같은 업체에서 재구매할 확률이 높아진다. 하루모토는 대학원 시절 발견한 이 연구 성과를 밑천 삼아 취업에 나섰다.

***

마침 정보기술 산업이 활황을 누리던 때라 오라는 곳은 많았고, 하루모토는 그중 시스템 개발 회사를 선택했다. 이 회사는 금융업에 강점이 있었지만 하루모토는 일부러 유통업과 소비재업 시스템을 개발하는 부서를 지망했다. 정부 규제가 강한 금융업계에서는 마케팅 요소가 관여할 여지가 적다고 생각했기 때문이다.

***

"텍스트 마이닝?"

하루모토가 배치된 부서는 기업 고객센터에 축적된 방대

한 정보를 분석하는 서비스 사업부였다. 고객의 의견이나 불만 사항 등 고객센터 상담원이 입력한 정보나 통화 음성이 고스란히 텍스트 데이터로 변환되어 있었다. 그가 맡은 업무는 그러한 데이터를 분석해 고객 응대 개선으로 연결하는 일이었다.

***

하루모토는 녹음된 통화 내용 요약문을 자동 생성하는 서비스를 기획했다. 그때까지만 해도 이 일은 기계가 요약한 내용과 사람이 요약한 내용의 차이를 추출해 분석하는 방식으로 진행되었다. 이는 경쟁 업체들이 서비스하고 있는 방식과 같았다.

하루모토는 자사 서비스를 강화하기 위해 고객센터 상담원에게 기계가 요약한 내용을 수정하게 하고 그 패턴을 기계에 학습시키는 구조를 고안했다. 상담원이 요점을 파악하여 더 간결하게 설명할 수 있도록 시스템을 보완한 것이다.

고객센터의 인상이 좋으면 제품 재구매율이 높아진다는 대학원 시절 연구 결과를 '데이터로' 실증한 것이 이 구조의 뼈대를 이루었다. 당연히 클라이언트를 위한 설명도 훨씬

데이터를 읽는 사람은 언제나 강하다

설득력이 높아졌다.

하루모토는 LightGBM이나 XGBoost 같은 최신 분석 기법을 사용하여 데이터를 분석하는 것도 좋아하지만 그 데이터로 무엇을 할 수 있는지 클라이언트와 이야기를 주고받는 것을 더 좋아한다. 그는 앞으로도 계속 클라이언트와 데이터로 이야기를 주고받을 것이다.

대학 시절, 아키야마 세이야가 어떤 교수 연구실에 들어갈 것인지 고르는 기준은 늘 하나였다. "새롭고 재밌을 것 같다." 취업 후 자신이 경력 개발에 대해 깊이 생각해 본 적이 없다는 사실을 깨달은 아키야마가 취한 행동은…?

"새로운 게 좋아. 얻을 수 있는 게 많으니까."

대학 시절, 공학도였던 아키야마 세이야는 '참신하고 재밌어 보인다'라는 이유로 실시간으로 촬영되는 동영상에 컴퓨터 그래픽으로 만든 이미지를 마치 현실에 존재하는 것처럼 합성하는 증강현실(Augmented Reality, AR) 연구로 유명한 교수 연구실에 들어갔다.

당시만 해도 실제로 증강현실 연구에 참여한 학생은 드물었다. 아키야마는 취업 활동에서 그러한 첨단 전문성을 내

세워 어렵지 않게 일본 최대 시스템 개발 회사에 입사할 수 있었다.

* * *

아키야마가 배치된 부서는 기업 경영과 관련된 다양한 정보를 관리하는 ERP 소프트웨어 판매와 도입을 지원하는 사업부였다. 기성 소프트웨어 영업과 구매 고객에 대한 조언이 주된 업무였기 때문에 대학 시절 이미지 데이터 처리에 열중했던 아키야마도 잘 따라갈 수 있었다.

* * *

입사한 지 2년이 지난 어느 날, 입사 동기들이 한자리에 모여 연수를 마치고 다 함께 이야기를 나눌 기회가 있었다. 어엿한 정보기술 컨설턴트로 자립한 동기가 있는가 하면 프로그래밍에 정통한 동기도 있었다.

귀갓길에 아키야마는 확실한 전문성을 쌓으며 성장하는 동기들이 눈부시게 보이는 한편으로 자신은 지금까지 경력 개발에 대해 깊이 생각해 본 적이 없다는 사실을 깨달았다.

***

"회사에서 데이터 사이언스에 힘을 쏟는다고 하던데."

선배들이 사내에 떠도는 소문을 물고 왔다. 아키야마는 사업부 내 직원들이 자발적으로 모여 데이터 사이언스를 공부하는 모임이 있다는 이야기도 들었고, 판매하는 ERP 소프트웨어로 얻은 데이터를 과학적으로 분석하는 새로운 제품이 출시될 예정이라는 사실도 알고 있었다.

***

아키야마는 데이터 사이언스 공부 모임에 참여했다. 그곳에서 해외 유수의 기업과 대학이 무료로 온라인 강의를 제공하는 코세라(Coursera)를 알게 되었다. 코세라는 영어 교재가 태반이었지만 대부분 일본어 자막이 달려 있었다.

***

몇 년 후 아키야마는 세계적인 아기용품 제조 회사의 프로젝트에 참여하게 되었다. 영업 사원이 아니라 데이터 사이언티스트로서 이미지를 활용한 구독형 신규 사업을 제안하기 위해서였다.

휴대전화 카메라로 촬영한 아기 피부 사진을 월령 등의 정보와 함께 웹사이트에 등록하면 피부 성질에 맞는 기저귀나 파우더 같은 상품을 보내주는 서비스다. 새로운 것을 좋아하는 그의 성향이 천직을 끌어당긴 셈이다.

짧은 이야기⑤ 생체 반응 연구와 미래를 읽는 힘

대학원에서 했던 파워드 슈트 연구 덕분에 데이터 분석 기술이 향상된 가쓰야 유사쿠에게는 한 가지 목표가 있었다. 그 후 경력으로 이어진 그 목표란…!?

'신규 사업 출범에 조금이라도 도움이 되는 일을 하고 싶다'라는 것이 가쓰야 유사쿠가 설정한 취업 활동의 목표였다.

가쓰야는 대학원에서 착용하면 신체 기능을 확장할 수 있는 '파워드 슈트(powered suit) 연구의 권위자인 교수 연구실에서 공부했다. 뇌파 등의 생체 반응을 데이터로 만들어 기계에 전달하고 실제로 인간의 움직임을 얼마나 지원할 수 있는지 일상적으로 분석하여 논문을 썼다. 그래서 통계적

데이터를 읽는 사람은 언제나 강하다

분포 패턴이나 측정한 데이터 검정 같은 일은 어느 정도 숙달되어 있었다.

취업을 의식하기 시작할 무렵, 가쓰야는 지도 교수가 산학 협동으로 파워드 슈트 제조 회사를 설립한다는 소식을 접했다. 자신이 직접 신규 사업을 창출하는 것이 목표가 된 순간이었다.

***

가쓰야는 데이터 분석과 컨설팅을 동시에 경험할 수 있다는 점에 매료되어 대형 정보기술 컨설팅 회사의 문을 두드렸다. 그 회사는 업계 선두 주자답게 클라이언트도 온통 쟁쟁한 기업뿐이었다.

영업에서 수주해 온 컨설팅 안건에서 데이터 분석과 관련된 부분이 가쓰야가 배치된 부서에 전달되었다. 데이터를 분석하여 클라이언트에게 새로운 부가가치를 소구할 수 있다면 파생되는 프로젝트가 생겨나고 추가로 예산을 획득할 수 있으므로 모두 열심히 업무에 매달렸다.

***

가쓰야는 데이터 분석으로 새로운 프로젝트를 창출하기 위해 머신러닝 등 새로운 데이터 분석 기법을 익혀 나갔다. 그러나 그러한 노력에 비해 새로운 일은 크게 늘어나지 않았다.

클라이언트는 업종이 다양했고 데이터 분석에 대한 니즈가 천차만별이었다. 최신 머신러닝 도구로 예측 정밀도를 최대로 높여도 분석 과정 내부가 보이지 않으면 아무리 설명해도 이해하지 못했고, 회귀분석이나 결정 트리 같은 기법을 활용하면 평범하고 시시하다는 말을 듣기 일쑤였다.

***

가쓰야는 데이터 분석에 들어가기까지의 과정에서 무언가 할 수 있는 일이 없는지 고민했다. 컨설턴트는 이전에 경험하지 못한 산업에 대한 컨설팅에 들어가기 전에 거래 관계의 흐름이나 시장 점유율 등 기본적인 산업 구조를 머릿속에 입력하고 클라이언트가 처한 현황을 파악한다. 그런 다음 클라이언트가 요청한 과제를 로직 트리 등의 기법으로 정리하고 다각적으로 검토하여 해결책을 도출한다.

"이 프로세스를 데이터 분석의 전처리 단계에도 적용해보자."

***

가쓰야는 자기 힘으로 신규 사업을 창출하기 위해서는 데이터와 데이터 흐름으로 '비즈니스의 미래를 읽는 힘'을 더욱 갈고닦아야 한다고 생각했다. 그래서 명함의 직함을 '정보기술 컨설턴트'가 아니라 '데이터 사이언티스트'로 바꾸기로 했다.

기타바타케 쇼지는 대형 정보기술 기업의 연구개발 부서에서 일했다. 정보기술에 자격지심이 있던 그가 경력을 바꾼 계기가 된 사건은…⁉

기타바타케 쇼지는 대형 정보기술 기업의 연구개발 부서에서 프로그래밍 오류를 검출하는 코딩 검사 도구를 개발했다. 대학 시절, 정보기술을 접해 보지 못한 그는 입사 후 줄곧 자격지심에 시달렸다.

그러던 차에 국립 연구기관에서 개설한 2년 과정의 첨단 정보기술 인재 양성 강좌를 발견하고 상사에게 수강하고 싶다고 건의했다. 프로그래밍된 코드의 규모와 복잡성을 정량적으로 평가하는 방법을 알려주는 '소프트웨어 매트릭스'라는 과목이었다.

***

"그럼 아예 강좌 전체를 들어보면 어때?"

생각지도 못한 상사의 권유로 첨단 정보기술 인재 양성 강좌를 수강하게 된 기타바타케는 2년 동안 낮에는 회사에서 일하고 밤에는 대학원에서 공부하는 야간 대학원생으로 살았다. 그가 듣고 싶어 했던 소프트웨어 매트릭스뿐 아니라 정보 보안과 데이터 사이언스, 디자인 싱킹 등 소프트웨어를 다각적인 관점에서 배우는 커리큘럼이었고, 논문을 반드시 제출해야 했다.

***

1년이 순식간에 지났고, 기타바타케는 소프트웨어 매트릭스를 이용하여 개발한 소프트웨어에 발생하는 오류 예측을 논문의 연구 주제로 정했다. 유명 대학에서 파견 나온 지도 교수는 머신러닝 기법을 활용하여 예측할 것을 권유했다. 결정 트리라는 나무 모양의 분석 모형을 여러 개 기계적으로 만들어내는 랜덤 포레스트라는 기법이었다.

***

"우리 대학 박사 과정에 들어오지 않겠습니까?"

기타바타케는 강의 과정 수료가 임박할 무렵, 지도 교수에게 뜻밖의 제안을 받았다. 그가 소속된 대학에서는 소프트웨어 오류를 예측할 때 프로그래머 개개인의 특성이나 프로그래밍 소스 코드의 행수 등을 이용하는 '부분 종속성(partial dependency)' 연구가 진행되고 있었다.

기타바타케는 거절할 이유가 없었다.

***

의도치 않게 '진짜' 대학원생이 된 기타바타케는 본업인 코딩 체크와 소프트웨어 매트릭스뿐 아니라 그 주변에 있는 학문 영역에도 손을 뻗기 시작했다. 예를 들어 프로그래밍 오류를 AI가 자동으로 분류하거나 올바른 코드(프로그램 문)를 자동 생성하게 하는 일도 가능해졌다. 그는 프로그램 문뿐 아니라 소프트웨어 매뉴얼 같은 일본어 자료를 자연어 처리로 분석하여 활용하는 방안도 고려하고 있다. 기타바타케의 안테나는 이제 다방면으로 뻗어나가고 있다.

짧은 이야기 ⑦   차고 넘치는 데이터를 활용해

대형 식품업체의 자회사에서 시스템 엔지니어로 일하는 마가와 고타. 데이터베이스의 '속'이 궁금했던 그는 데이터 사이언스와 관련된 학습 콘텐츠에 손을 뻗고 마는데….

"데이터라면 여기 차고 넘칠 만큼 많지만…."

마가와 고타는 대형 식품업체의 정보 시스템 개발 자회사에서 시스템 엔지니어로 일하고 있다. 그는 입사 후 줄곧 모회사의 기간 시스템(backbone system)이 보유한 데이터베이스의 성능을 향상하는 일을 해왔지만 어느 순간부터 데이터베이스의 '속'이 궁금해지기 시작했다.

이제까지는 모회사가 떠먹여 주는 일을 기다리기만 하면 그만이었지만 정보 시스템 개발 회사로서의 존재 가치를 보여주기 위해서는 '모회사 외 다른 곳에 팔 수 있는' 일이 필요했다. 그는 시스템 엔지니어와 친화성이 높다고 알려진 데이터 사이언티스트가 하는 일에 대해 막연한 관심을 갖게 되었다.

***

동영상 사이트에는 데이터 사이언스 초보자를 위한 '독학용' 학습 콘텐츠가 가득했다. 그중에서도 침몰한 타이타닉호의 승객 약 1천 명의 '일부 누락된' 속성(나이, 성별, 객실 등) 데이터로 실제 승객의 생사를 매우 정확하게 판별하는 파이썬 예제는 충격적이었다.

데이터 분석의 정밀도를 겨루는 분석 대회 플랫폼 캐글(Kaggle)이나 시그네이트(SIGNATE)에서는 직접 만든 분석 모형을 올리면 곧바로 정밀도를 점수로 평가해 주므로 자기 실력을 시험해 보기에 안성맞춤이었다.

***

"무슨 말을 하고 싶은지 알겠는데…."

캐글이나 시그네이트에서 다른 데이터 사이언티스트에게

뒤지지 않는 점수를 받게 된 마가와는 모회사의 식품 배송 트럭의 배송 효율을 분석하는 모형을 만들어 머신러닝으로 최신 데이터를 반영할 수 있는 시스템 개발에 나섰다. 그러나 모회사의 반응은 좋지 않았다.

"뻔한 사실을 수식으로 정확하게 나타내봤자…."

***

"여기까지 했으니 뭐라도 결과물을 만들어봐야지."

상사의 격려를 받고 버스를 타고 집으로 향하던 마가와는 머신러닝으로 데이터를 분석하는 데 한계를 느꼈다. 데이터가 완전히 갖추어지지 않아도 예측을 할 수 있다는 점이 머신러닝의 장점이지만, 어떤 배송 경로를 지나야 시간과 주행 거리를 단축할 수 있다는 결과까지는 보여주지 않기 때문이었다.

고민하던 마가와의 눈에 운전석 내비게이션이 들어왔다.

"그래, 뻔한 데이터라도 써먹을 수 있으면 되지."

***

마가와는 공개된 도로 혼잡 정보 데이터에 모회사의 트럭

주행 데이터를 조합하여 최적의 배송 경로를 도출해냈다. 완벽하게 갖추어진 데이터가 있을 때 적용 가능한 수리 최적화를 사용한 것이다. 여기에 머신러닝으로 결과를 예측하는 모형을 조합하면 그가 원하는 결과를 얻을 수 있다.

"데이터라면 차고 넘칠 만큼 많다고."

데이터 사이언티스트의 대학 출신 학부를 살펴보면 공학, 자연과학, 정보과학 등 '이공계의 왕도'라 할 수 있는 분야가 상위권을 차지한다. 그다음으로 경영학, 경제학, 문학, 사회학, 법학 등 인문계가 높은 비율을 차지한다. 특히 '어쩌다 문학을 하던 사람이?' 하는 의문을 안기는 사람이 많다.

사실 인문학부에는 심리학이나 문헌정보학 같이 통계나 데이터 분석을 활용해야 하는 학과나 전공이 많다. 특히 심리학은 설문 조사와 분석을 밥 먹듯이 하므로 애초에 데이터 사이언스와 친밀도가 높다.

>> 데이터 사이언티스트 출신 학부 <<

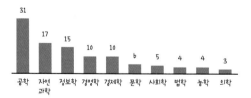

자료: 일본 데이터사이언티스트협회

최근 들어 데이터 사이언스라고 이름 붙인 학부나 전공을 신설하는 대학이 늘고 있다. 그러한 대학들은 대부분 이공계와 인문계를 구별하지 않고 양쪽 학생 모두에게 문호를 개방하는 이른바 '인문계-이공계 융합'을 추구한다. 그러한 경계 없는 학부에서 활약을 펼칠 데이터 사이언티스트가 많이 배출되기를 바라 마지 않는다.

6장 〉〉〉〉 데이터 해석 능력을 키우기 위해 갖추어야 할 자질들

현장 비즈니스를 이해하는 힘

데이터 사이언티스트에게 요구되는 세 가지 역량인 비즈니스 능력, 데이터 사이언스 능력, 데이터 엔지니어링 능력 가운데 비즈니스 능력이 가장 중요한 시대가 되었다.

데이터 사이언티스트에게 요구되는 세 가지 역량 중 기업에서 원하는 것은 비즈니스 능력이다. 일본 데이터사이언티스트협회 설문 조사를 봐도 데이터를 비즈니스에 활용할 수 있는 인재를 원하는 기업이 늘고 있다.

데이터 사이언티스트라는 직종은 정보기술 기업 등 방대한 데이터를 가진 기업에서 탄생했다. 사내에 누적되어 있는 빅데이터를 수집 · 처리 · 가공할 수 있는 능력을 갖춘 사람이 데이터 사이언티스트가 되었다. 프로그래밍 지식 등이 풍부한 **데이터 엔지니어** 유형이다. 대학에서 통계학을 공부한 사람이 전공 지식과 통계 소프트웨어를 활용하여 데이터를 분석하기도 했다.

그러나 데이터를 현장 비즈니스에 적용하는 능력을 갖춘 사람은 많지 않았다. 현장 비즈니스를 아는 사람이 데이터 사이언스를 배우거나 또는 데이터 사이언스에 밝은 사람이 현장 비즈니스를 배워야 했다. 실제로 비즈니스에 종사하는 사람들은 대부분 데이터 분석에 시간을 할애할 여력이 없어 결국 데이터 사이언티스트가 비즈니스를 배우는 수밖에 없는 형편이다.

이제 데이터 사이언티스트는 **비즈니스 능력**이 요구된다. 데이터 분석만으로 가치를 창출할 수 있는 시대는 끝났고, 현장 비즈니스를 이해할 수 있는 데이터 사이언티스트가 새로운 시대를 만들어나갈 것이다.

향후 증원하고 싶은 데이터 사이언티스트 유형
(기업 대상 설문 조사 결과)

비즈니스에 데이터를
활용한다는 관점 결여

IT 기업 등 빅데이터를
보유한 기업에서 데이터
사이언티스트 탄생

유형①

비즈니스 과제를
도출하고 데이터를
분석·활용하여 이를
해결할 수 있는 인재

(직종 예:
데이터 마케터 등)

유형③

데이터 분석을
주된 업무로 삼고,
프로그래밍 지식을
활용하여 데이터를
수집·가공하고
시스템으로 구현·
운용할 수 있는 인재

(직종 예:
데이터 엔지니어 등)

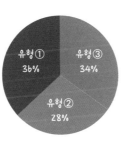

유형①
36%

유형③
34%

유형②
28%

유형②

통계학, 인공지능 등의 정보과학 계열 지식을
이해하고, 통계 소프트웨어 등을 활용하여
전문적인 분석을 할 수 있는 인재
(직종 예: 데이터 애널리스트 등)

대학에서 통계학을 전공한 인재가 기업에서 분석 도구를 활용하여
데이터 사이언티스트로 활약

주) 향후 3년간 데이터 사이언티스트를 한 명 이상 증원할 예정이며, 유형별 응답이 있었던 기업의 집계.
　　각 기업의 유형별 인원 비율의 평균값

자료: 일본 데이터사이언티스트협회 데이터 사이언티스트 채용에 관한 설문 조사, 2021년 9~10월, N=75

전문적인 내용을 알기 쉽게 전달하는 힘

데이터 분석 결과를 알기 쉽게 전달하는 일을 소홀히 여기는 데이터 사이언티스트가 많은데 전달하는 일까지 고려하여 알고리즘을 선택하고 아웃풋을 가시화해야 한다.

데이터 사이언티스트는 현장 부서 담당자에게 데이터 분석 결과를 알기 쉽게 전달해야 한다. 분석한 결과를 전달하는 데서 그치지 않고 왜 그렇게 되었는지, 어떤 요인이 영향을 미쳤는지 등을 담당자가 납득할 수 있도록 설명해야 한다. 담당자가 납득해야 분석 결과나 데이터 사이언티스트의 제안이 받아들여진다.

머신러닝이 대중화되었다고 해도 일반인이 알고리즘 내용까지 이해하는 것은 쉽지 않다. 분석 목적에 따라 알고리

데이터를 읽는 사람은 언제나 강하다

즘을 선정하지만 단순히 정밀도가 높다고 모든 것이 해결되는 것은 아니다. 알고리즘의 **가독성**, 즉 구현 결과를 알기 쉽게 설명하고 보고하는 능력도 중요하다.

분석 결과를 전달하는 방법에도 고민이 필요하다. 단순히 수치만 나열하기보다는 그래프와 도표를 적절히 활용해야 하는데 그래프를 소홀히 여기는 데이터 사이언티스트가 많다. 뭐든지 산포도로 표현하고, 설명을 듣지 않으면 이해할 수 없는 누적 막대그래프를 사용하는 등 한눈에 이해할 수 있도록 전달하려는 의식이 부족하다. 데이터 분석 결과는 이해하기 쉽게 **가시화**해야 한다. 분석에서 말하고자 하는 바를 명확히 정리하고 그 내용을 담아낼 수 있는 그래프를 선택해야 한다.

분석을 마쳤다고 데이터 사이언티스트의 역할이 끝난 것은 아니다. 결과를 전달하는 일까지 데이터 사이언티스트의 역할이다.

>> 데이터 분석에서 전달하고 싶은 내용에 적합한 그래프를 선택한다 <<

꺾은선 그래프

원 그래프

산포도

누적 막대그래프

>> 텍스트 데이터의 워드 클라우드에 의한 가시화 사례 <<

데이터 사이언티스트의 곤란한 문제: 자유 응답

자료: 노무라종합연구소

>> 머신러닝의 분석 결과를 알기 쉽게 전달한 사례 <<

LightGBM에서는 변수의 중요도가
정량적으로 출력되어 무엇이 중요한지
누구나 쉽게 이해할 수 있다

조미료 상품 구매에 영향을
미치는 변수 중요도

사전 관심 유무	32
연령층	21
양	18
요리에 대한 고집	13
상품에 대한 사전 인지	10
성별	8

최적의 답을 구체적으로 제안하는 힘

데이터 사이언티스트는 '앞으로 어떤 일이 일어날지' 예측하는 데서 그치지 않고 데이터 분석 결과로 '이제 무엇을 해야 할지' 제안하는 능력도 갖추어야 한다.

데이터 사이언티스트는 데이터 분석 결과를 알기 쉽게 전달하는 것에 더해 그 결과 무엇을 해야 하는지까지 전달해야 한다. 데이터 분석은 4단계로 구성되는데 마지막 **처방 분석**(prescriptive analytics) 단계까지 요구되는 것이다.

비즈니스 현장에서는 한정된 자원을 어떻게 활용하는 것이 최선인지 고민해야 한다. 데이터 분석에서 가장 좋은 결과가 비즈니스상에서는 최적이 아닐 수 있다. 다양한 제약 속에서 미래의 의사 결정이 어떤 영향을 미칠지 가늠하여 가장 적합한 방안이 무엇일지 알아내야 한다.

예를 들어 머신러닝 결과, 어떤 점포의 어느 날 아이스크림 판매량이 100개라고 높은 정확도로 예측되었다고 하자. 아이스크림 판매량만 고려하면 100개를 발주하는 것이 옳지만 대량 주문으로 재고를 쌓아놓을 공간도 필요하다. 재고 공간을 고려하면 냉동식품 발주를 줄여야 할 수 있다. 이처럼 다른 상품까지 고려한 최적화가 필요한 것이다.

단일 상품의 수요 예측이라는 국소적인 데이터 분석에만 몰입하다 보면 전체의 최적화를 놓치기 쉽다. 예측을 위한 접근 방법과 가장 적합한 답을 찾기 위한 접근 방법은 다르다. 이제 데이터 사이언티스트는 정확한 예측뿐 아니라 그 결과 무엇을 해야 하는지 제안하는 능력도 갖추어야 한다.

데이터 분석의 4단계

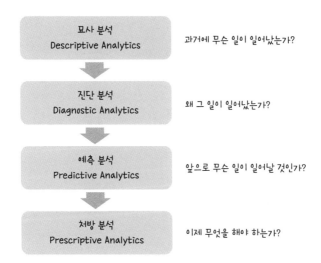

묘사 분석 Descriptive Analytics	과거에 무슨 일이 일어났는가?
진단 분석 Diagnostic Analytics	왜 그 일이 일어났는가?
예측 분석 Predictive Analytics	앞으로 무슨 일이 일어날 것인가?
처방 분석 Prescriptive Analytics	이제 무엇을 해야 하는가?

비즈니스상 제약 요인을 고려하여 최적의 답을 찾아낸다

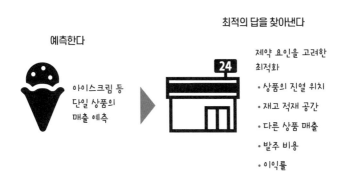

예측한다

아이스크림 등
단일 상품의
매출 예측

최적의 답을 찾아낸다

제약 요인을 고려한
최적화

- 상품의 진열 위치
- 재고 적재 공간
- 다른 상품 매출
- 발주 비용
- 이익률

불확실한 시대를 시뮬레이션하는 힘

과거 데이터(실적값)를 바탕으로 구축한 모형이라도 요인(매개변수)을 변화시켜 시뮬레이션함으로써 미래의 의사 결정에 활용할 수 있다.

머신러닝의 보급으로 갈수록 예측 모형이 복잡해지고 있다. 분석에 영향을 미치는 요인(매개변수)이 많을수록 답을 도출하기 어렵다. 개별 요인의 조건과 값을 조금만 바꿔도 결과가 크게 바뀔 수 있다. 간단한 수식이라면 어느 정도 예측이 가능하지만 요인이 많으면 그마저도 쉽지 않다. 이러한 이유로 **시뮬레이션**을 거쳐 결과를 측정하는 것이 중요하다.

다양한 요인에 대한 가정을 바꿔가면서 결과를 시뮬레이

데이터를 읽는 사람은 언제나 강하다

션해보면 무엇이 중요한 요인인지 알 수 있다. 모든 패턴으로 시뮬레이션하는 것은 불가능하므로 데이터 사이언티스트는 변화 요인을 숙고하여 시뮬레이션을 하게 된다. 시뮬레이션은 단순히 결과를 출력하는 것이 아니라 입력도 더 신중하게 고민하게 하는 의식의 전환을 유도하는 효과가 있다.

데이터 사이언티스트는 직접 시뮬레이션을 하는 것은 물론 이를 위한 환경을 구축하는 능력도 요구된다. 누구나 손쉽게 시뮬레이션할 수 있는 환경이 구축되어야 애써 만든 예측 모형이 비로소 활용될 수 있다. 분석 구조가 보이지 않는 예측 모형이라도 시뮬레이션할 수 있는 형태가 되면 실체가 생겨 많은 사람의 이해를 도울 수 있다. 많은 사람이 사용하다 보면 개선점이 지적되어 더 나은 모형으로 거듭나는 계기가 마련되기도 한다.

시뮬레이션 역할

인풋

- 인풋을 조합한 수가 막대해 변화 요인을 숙고
- 과거에는 없는 미래 변화 요인을 검토하는 계기
- 예측 모형의 정밀한 검토(누락 요인 확인)

시뮬레이션

- 보이지 않는 예측 모형의 이해를 촉진(실체)
- 현장 부서 담당자의 흥미를 유발
- 많은 사람이 이용하면서 지적한 개선점을 수집

아웃풋

- 인풋에 따른 변화를 파악(단순한 결과 출력)
- 결과에 영향을 미치는 요인을 파악
- 극단적인 변화에 대한 대응과 위험 관리

예측 모형의 보급과 개선

데이터로 할 수 있는 일을 상상하는 힘

데이터 사이언티스트는 비즈니스 과제를 해결하기 위해 데이터를 사용하는 것이 아니라 데이터라는 자산을 활용해 새로운 비즈니스를 창출하는 능력이 요구된다.

데이터 사이언티스트가 활용 가능한 자원은 데이터다. 무엇을 위해 데이터를 사용할 것인지 결정하는 관점도 중요하지만 데이터로 무엇을 할 수 있을지 상상하는 힘도 중요하다. 비즈니스에서 데이터를 활용할 때는 으레 기존 과제가 있고 이를 해결하기 위해 데이터 활용 가능성을 검토하는 사고방식으로 이어진다. 이에 대응하는 과정에서 데이터 사이언티스트는 많은 부가가치를 창출해 왔다. 앞으로는 데이터를 기점으로 비즈니스를 생각하는 힘도 중요하다.

노무라종합연구소는 SNS에 올라온 글 데이터를 정량화하여 일본인의 감정을 나타내는 '분위기 지수'(SNS에 올라온 글의 변화를 바탕으로 일본인의 감정을 활기, 혼란, 분노, 피로, 긴장, 침울의 여섯 가지 지표로 지수화한다 – 옮긴이)를 개발했다. 이는 애초에 일본인의 감정이 어떤 분위기인지 측정할 목적으로 시작한 것이 아니라 방대한 SNS 데이터를 활용하는 방법을 찾는 것에서 시작되었다. 이 지수를 활용하여 일본인의 미래 소비 실태를 예측하는 연구도 이루어지고 있다.

그 외에도 위성 사진 데이터를 활용해 비즈니스를 개발하는 연구가 활발하게 진행되고 있다. 위성 사진 데이터로 자원 조사나 지형 파악뿐 아니라 자동차 수를 측정하여 주가를 예측하는 등 새로운 시도도 이루어지고 있다.

데이터로 새로운 비즈니스를 생각할 때 가장 중요한 것은 상상력이다. 데이터로 무엇을 할 수 있을지 상상하고 이를 데이터 사이언스의 힘을 빌려 구체화해야 한다. 향후에는 과제 해결형 데이터 사이언티스트보다 비즈니스 창출형 데이터 사이언티스트에 대한 수요가 더 높을 전망이다.

≫ 접근 방식 비교 ≪

종래의 접근 방식		데이터 기점의 접근 방식

비즈니스 과제

- 점포의 매출 극대화
- 제조·물류 공정의 효율화

비즈니스

비즈니스에의 응용

- 기존 사업에의 활용
- 신규 비즈니스 검토
- 데이터 비즈니스 창출

데이터를 활용하여 무엇을 할 수 있을지 생각한다

- 매출에 영향을 미치는 요인 추출
- 공장의 이상 검출 시스템, 배송 경로 효율화

사고

취득한 데이터로 무엇을 할 수 있을지 상상한다

- 데이터의 활용 범위 확대
- 수치를 텍스트나 이미지로 변환했을 때를 상상
- 데이터의 결합

데이터의 수집·분석

- 구매 데이터 분석, 수요 예측 모형
- 공장의 이미지 인식, 수리 최적화

데이터

수집 완료 데이터, 향후 새롭게 얻을 수 있는 데이터

- SNS 데이터
- 위성 사진 등 이미지 데이터
- 센싱 기술의 진화에 따른 새로운 데이터

향후 취득할 수 있는 데이터는
비약적으로 확대된다

따두면 어디든 써먹을 수 있는 자격증

일본 데이터사이언티스트협회 설문 조사 결과에 따르면 현직 데이터 사이언티스트는 'G검정'이나 '통계 검정' 자격증에 주목하고 있다.

일본 데이터사이언티스트협회에서 현직 데이터 사이언티스트를 대상으로 현재 보유하고 있는 자격증과 앞으로 취득하고 싶은 자격증에 대해 설문 조사를 했다.

그 결과에 따르면 현재 보유하고 있는 자격증은 AI·딥러닝에 관한 지식과 활용 능력을 묻는 **G검정**이 가장 많았다. G검정은 일본딥러닝협회(JDLA)가 주관하는 자격시험으로, G는 제너럴리스트(Generalist)로서 다양한 분야에 상당한 지식과 경험을 갖춘 사람을 의미한다. 정보기술자 사이에서

데이터를 읽는 사람은 언제나 강하다

국가 공인 자격증으로 통하는 **기본정보기술자**가 두 번째로 많았다. 이 자격시험은 정보기술자로서 갖추어야 할 기본 지식과 더불어 알고리즘과 정보 보안 지식을 묻는다.

한편 앞으로 취득하고 싶은 자격증은 '통계 검정(2급 이상)'이 가장 많았다. **통계 검정 2급**은 데이터를 바탕으로 한 가설 구축과 검증 등 통계학 지식이 요구되며 데이터 사이언티스트의 등용문이라 할 수 있다. 일본 데이터사이언티스트협회에서 2021년 신설한 **데이터 사이언티스트 검정(응용 기초 수준)**이 2위를 기록했다. 이는 데이터 사이언스 능력, 데이터 엔지니어링 능력, 비즈니스 능력으로 구성된 데이터 사이언티스트에게 필요한 세 가지 역량을 균형 있게 요구하는 것으로 지금까지 없었던 새로운 관점의 자격이라 할 수 있다.

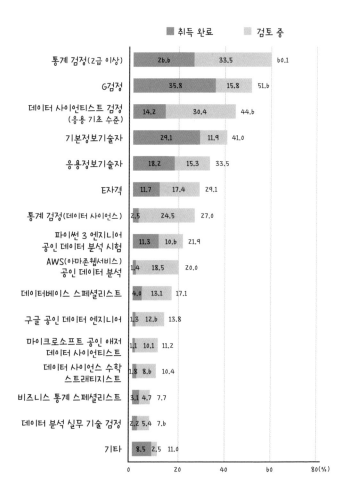

데이터 사이언티스트의 자격증 보유 현황

취득 완료 □ 검토 중

자격증	취득 완료	검토 중	합계
통계 검정(2급 이상)	26.6	33.5	60.1
G검정	35.8	15.8	51.6
데이터 사이언티스트 검정 (응용 기초 수준)	14.2	30.4	44.6
기본정보기술자	29.1	11.9	41.0
응용정보기술자	18.2	15.3	33.5
E자격	11.7	17.4	29.1
통계 검정(데이터 사이언스)	2.5	24.5	27.0
파이썬 3 엔지니어 공인 데이터 분석 시험	11.3	10.6	21.9
AWS(아마존웹서비스) 공인 데이터 분석	1.4	18.5	20.0
데이터베이스 스페셜리스트	4.0	13.1	17.1
구글 공인 데이터 엔지니어	1.3	12.6	13.8
마이크로소프트 공인 애저 데이터 사이언티스트	1.1	10.1	11.2
데이터 사이언스 수학 스트래티지스트	1.8	8.6	10.4
비즈니스 통계 스페셜리스트	3.1	4.7	7.7
데이터 분석 실무 기술 검정	2.2	5.4	7.6
기타	8.5	2.5	11.0

0   20   40   60   80(%)

자료: 일본 데이터사이언티스트협회 일반 회원 대상 설문 조사, 2022년 5월, N=556

Column AI 시대 새로운 직업을 찾아서

다소 의외일 수 있지만 과거에 비해 50대 이상 데이터 사이언티스트 비율이 늘어나고 있다. 데이터 사이언티스트의 절대적인 숫자가 늘어난 것도 사실이지만 그 점을 제외하더라도 50대 이상 비율이 급증한 데 놀라는 사람이 많을 듯하다.

여기에는 여러 가지 이유가 있겠지만 그중 하나는 젊은 층에 비해 50대 이상이 데이터 사이언티스트에게 요구되는 '도메인 지식(domain knowledge, 산업이나 업계 등 특정 분야에 대한 지식)'이 풍부하기 때문일 수 있다.

>> 데이터 사이언티스트의 연령대 <<

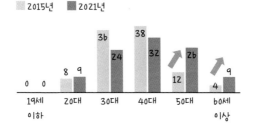

자료: 일본 데이터사이언티스트협회

데이터 사이언티스트는 통계, 머신러닝 등의 지식과 이를 활용할 수 있는 기술을 갖추어야 하지만 활용할 산업이나 업무에 대해 알지 못하면 데이터 사이언티스트로서 본연의 능력을 발휘하기 어렵다.

50대 이상은 풍부한 지식과 경험, 그로부터 얻은 의사소통 능력 등을 갖추어 데이터 사이언티스트가 되는 데 걸리는 시간을 단축하고 있을지도 모른다.

마치며

흔히 데이터 사이언티스트가 매우 전문성이 높은 직업이라 생각하기 쉽지만 최소한의 지식을 습득하면 누구나 출발선을 차고 나갈 수 있다. 그 후에는 데이터 분석을 하면서 데이터로 무엇을 할 수 있을지 끊임없이 고민하며 역량을 키워나간다면 데이터 사이언티스트로 자립할 수 있다.

데이터 사이언티스트가 되는 데 처음부터 방대한 양적·질적 지식이 필요한 것은 아니다. 우선은 2장에서 설명하는 '자주 쓰이는 머신러닝 알고리즘과 통계 개념들'을 바탕으로 최소한의 지식을 습득한다. 그런 다음 3장에서 소개하는 기업 현장에서 실제로 데이터 사이언티스트가 하는 일을 통해 자신이 하고 싶은 데이터 분석 업무를 상상해 본다. 이것이 데이터 사이언티스트로 가는 첫걸음이다. 실제로 업무에 데이터 사이언스를 활용한 뒤에는 4장의 '현실에서 당장 부딪힌 예상 밖 낯선 상황들'을 보면 현장 데이터 사이언티스트가 고민하는 문제를 공감하게 될 것이다. 5장의 선배들의 경력 경로를 참고하고 6장에서 소개한 '데이터 해석 능력을 키우기 위해 갖춰야 할 자질들'을 키운다면 데이터 사이언티스트로서 제 몫을 다할 수 있다.

비즈니스 현장에서 데이터 사이언스는 아직 충분히 활용되지 못하고 있다. 데이터를 활용할 수 있는 업계에서는 향후 데이터 사이언스의 활용도가 한층 고도화될 것이다. 무엇보다 데이터를 비즈니스에 활용하지 못하고 있는 업계와 업무가 여전히 많다. 바꿔 말하면 데이터 사이언티스트로서 최소한의 전문성과 데이터 사이언스의 미개척지로 남아 있는 업계에 대한 전문 지식을 갖춘다면 데이터 사이언티스트로 활약할 수 있다.

아직 데이터 사이언스의 미개척지로 남아 있는 업계에 몸

데이터를 읽는 사람은 언제나 강하다

담고 있다면 이 책에서 얻은 지식을 바탕으로 자신의 업무에도 데이터 사이언스를 적용할 수 있을지 고민해 본다. 향후 취업이나 이직을 생각하고 있다면 원하는 업계에서 데이터로 무엇을 할 수 있을지 상상해 본다. 이러한 고민은 데이터 사이언티스트로서 활약할 수 있는 영역의 저변 확대로 이어질 것이다.

이 책은 비즈니스에서 데이터 사이언스를 활용할 수 있는 인재가 되는 데 필요한 기초 지식과 기본 기술을 담고 있다. 책을 읽고 데이터 사이언티스트라는 직업에 관심이 생겼다면 저자로서 더할 나위 없이 기쁠 것이다.

찾아보기

데이터를 읽는 사람은 언제나 강하다

데이터를 읽는 사람은 언제나 강하다

옮긴이_ 전선영

한국외국어대학교 일본어과를 졸업하고 전문 번역가로 활동 중이다. 번역가로서 모국어가 서로 다른 저자와 독자 사이를 잇는 튼튼한 다리가 되는 것이 소박한 꿈이다. 옮긴 책으로 『데이터 프라이버시』 『데이터 분석의 힘』 『30개 도시로 읽는 일본사』 『동네에서 만난 새』 『식사가 잘못됐습니다』 등 40여 권이 있다.

데이터를 읽는 사람은 언제나 강하다

1판 1쇄 펴냄 2024년 11월 15일

지은이 노무라종합연구소 데이터사이언스랩
옮긴이 전선영

펴낸이 송상미
디자인 Mallybook 김경진
종이 월드페이퍼㈜
인쇄·제본 정민문화사

펴낸곳 머스트리드북
출판등록 2019년 10월 7일 제2019-000272호
전화 070-8830-9821
팩스 070-4275-0359
메일 mustreadbooks@naver.com
인스타그램 @mustreadbooks.kr

ISBN 979-11-93228-02-9 03320